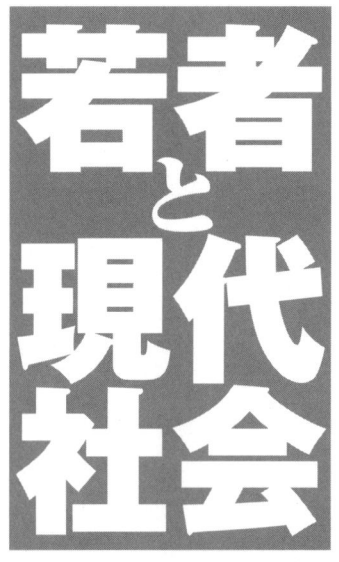

若者と現代社会

永井広克 編著

学文社

執　筆　者

木村　雅文	大阪商業大学 （第1章，第10章）
永井　広克	富山国際大学　（第2章，第8章）
牧園　清子	松山大学　（第3章，第7章）
斉藤　正美	富山大学(非)　（第4章，第9章）
今井　千恵	早稲田大学　（第5章）
森　俊太	静岡文化芸術大学　（第6章）

は　し　が　き

　いつの時代においても，若者は社会の未来を切り開く存在である．社会に反抗するのであれ，順応するのであれ，若者と社会は何らかの形で互いに影響を与え合ってきた．

　21世紀を迎え，若者は社会とどのように切り結んでいるのであろうか？　20世紀後半の社会に反抗する若者から，順応する若者へと若者像は変化しているのであろうか？　日本社会に蔓延する私生活主義が，若者のライフスタイルにも及んでいるのであろうか？

　本書はそのような問題意識を底流に置き，それぞれの分野における若者の実態を探ってみた．実態を探るだけでなく，本書を読んだ若者がこれからの人生の行路を探ることができることを試みた．はたしてそれが成功したかどうかは，本書を手にした読者に判断をゆだねたい．

　ただ本書を手にした若者が親しみやすいように，各章の扉には内容に沿ったイラストとキータームを入れた．活字離れが進んでいると言われる若者に是非とも内容を精読し，自分たちの生態，自分たちを取り巻く社会状況，さらに今後の生き方を探ってもらいたい気持ちからである．

　編者は単に交通整理をしたにすぎないが，本書の執筆者はそれぞれの専門分野で優れた研究業績をお持ちの才能豊かな先生方である．ただ執筆者が数人と比較的少数なので，ほとんどの先生に2章分担当してもらいご負担をおかけした．また内容の難易度や形式にややばらつきが見られるが，それはひとえに編者の責任である．

　最後に執筆して下さった先生方に感謝すると共に，原稿執筆や校正が遅れがちになり，学文社の田中千津子社長ならびに関係者にご迷惑をおかけしたが，いろいろご配慮していただき厚く御礼を申し上げる．

2005年2月　　　　　　　　　　　　　　　　　　　　　　永井　広克

目　次

第1章　現代社会の変動と若者 ———————————————— 1
人間と共同生活……3／人間（じんかん）生活と社会集団……4／ライフコースと社会集団……5／第三の波と現代社会……7／"現代社会第一世代"と現在の若者世代……8／産業化と若者たち……9／都市化と若者たち……12／高齢化と若者たち……15

第2章　性 ——————————————————————————— 19
性交経験率の推移……21／性行動におけるイニシアティブ……23／性交の動機……24／セックスの意味……25／避妊……27／性行為感染症……29／性的被害……31／理想的なセックス……32

第3章　家族の中の若者 ———————————————————— 35
親子関係の現在……37／若者のライフコース……38／定位家族の変化……40／高校生と家族——家族からの離脱……41／高校生から見た親……44／親子の対立……45／理想の親子関係——友達親子？……47

第4章　メディア ——————————————————————— 51
メディアの効果とは……53／テレビの誕生とメディア文化研究……54／デジタル・メディア社会と「メディア・リテラシー」……55／メディアによって構築されるスポーツ・ヒーロー……57／「日本的徳目をもった人物」としての松井秀喜……57／松本サリン事件の「犯人視」報道……61／地元高校放送部が取り組んだメディア・リテラシー……62／若者の利用率が高い携帯電話……64／日本で先行するインターネットつきケータイと女子高生……65

第5章　岐路に立つ若年労働者 ———————————————— 73
正社員は高嶺の花？……75／パラサイト・シングルは優雅か？……77／非労働力化する若者たち……78／注目され始めたニート問題……80／新卒フリーターの増加……82／「好きで選んだフリーター」から「やむを得ずするフリーター」へ……84／広がる正社員とフリーターの格差……85／岐路に立つ若年労働者を支える試み……87／「いまここで平等」から「ライフ・チャンスの平等」へ……88

第6章　キャンパスライフ ─── 91

本章のねらいと調査方法……93／キャンパスライフの用語と意味……95／大学生活の生活パターン……96／大学生活についての期待と現実，高校との差……97／大学生活のメリット・デメリットと改善案……98／人生における大学生活の意義……100／学生生活と生きがい……102／学生生活と履修システム……105／キャンパスライフの将来……107

第7章　消費生活と流行 ─── 111

消費社会の若者……113／消費者としての若者の登場……114／高校生とアルバイト……115／高校生の持ち物……116／高校生の消費行動……117／ファッションへの関心……118／おしゃれと校則……120／ブランド消費……122／茶髪の流行……123

第8章　配偶者選択と結婚 ─── 127

配偶者と出会ったきっかけ……129／配偶者を選ぶ基準……130／結婚とは何だろう……132／シングルも素敵……134／結婚の利点と不利益……137／パートナーシップの大切さ……140

第9章　若者ことばはどのようなコミュニケーションか ─── 143

若者ことばとその造語法……145／若者ことばの特徴：緩衝装置つきのコミュニケーション……147／女性主導の「若者ことば」とその社会背景……148／ことばの変化：「ことばの乱れ」という考え方をたどる……150／「ことばの乱れ」説への女子大生の反論……152／「若者ことば」再考：キャンパス・ディスコース……154／男性を「選り好みする女性」……156／名づけの権力……160

第10章　若者のこころを探る──幸福感と生活意識 ─── 163

こころを知る方法とは……165／あなたは，現在幸せですか……166／あなたの結婚生活は，幸せですか……167／人間の本性について，あなたはどのようにお考えですか……168／過去5年間に，深く心に傷を受けるような衝撃的なできごとを何回経験しましたか……170／生活面に関する以下の項目について，あなたはどのくらい満足していますか……171／かりに現在の日本の社会全体を，以下の5つの層にわけるとすれば，あなた自身はどれに入ると思いますか……174／次のような上から下までのスケール（尺度）で，あなたはどこに位置すると思いますか……175／今の日本の社会には，あなたやあなたの家族の生活水準を向上させる機会が，ど

目　次

のくらいありますか……176／政治的な考え方を，保守的から革新的までの5段階にわけるとしたら，あなたはどれにあてはまりますか……177／若者のこころをどうみるか……179／

索　引 ──────────────────────── 181

第 1 章

現代社会の変動と若者

† キーターム †

社会変動　社会構造が時間や歴史の経過のうちに変化すること．19世紀前半に社会学が成立した頃は，まさしく近代社会が形成される変動の時代であったので，人類が今どこにおり，どこに向かって進んで行くのかという問題意識が強くあり，以来，社会変動の要因，様式，方向などについて多くの理論が出されてきた．最近は，社会生活における変化を，産業化・情報化・組織化・大衆化・都市化・高齢化などとして考察する方法も行われている．

ライフコース　人間が誕生してから死にいたるまでの間に幼年期・少年期・青年期・中年期・老年期というような段階をたどって進む人生の軌跡のこと．私たちは，この間に入学・就職・結婚・育児・退職・介護などの出来事を経験する．現在は，人生80年時代といわれているが，75歳時の生存率は男性68.2%・女性84.5%（2002年）となっていて，ライフコースをまっとうすることが多くの人びとにとって可能になった．

世代　同年あるいは数年の幅のなかに生まれた人びとの集合．世代について関心が持たれるのは，昭和一桁世代・ビートルズ世代・新人類世代などといわれているように，同じ世代は同様な歴史的背景を有して人生を歩んできたため，彼らの意識や行動に共通の特徴をみることができるからである．なお，近未来の日本社会の方向づけに大きな影響を与えそうな団塊世代とは，堺屋太一の小説『団塊の世代』（1976年）に由来する．

探　検

　エクスペディション（探検），なんという新鮮で魅力的な言葉だったろうか．戦後の食べ物もろくにない窮乏の中で，私たちはこの言葉に酔いしれ，呪文のように唱えるだけで活力が湧いてくるのだった．

　……地球にはまだ，多くの未知の民族がすんでおり，生態や分類的位置の不明な動植物がいっぱい隠されている．それらを発掘すれば，新しい魅惑的な発見が続々なされるであろう．それはダイヤモンド鉱山を発見するよりも，はるかに重要で価値ある行為である．

　……探検とは未知なるものを探り，検ることによって価値あるものを発見する行為である．それは個人的な体験であるとともに，その結果は普遍的な価値をもち，社会に対し，また大きくは人類に対して貢献することになろう．だから，それはきわめて知的な行為なのだ．

　……探検，それは若者の特権である．今の若い人には，新しい問題に挑戦するという気概が不足しているように思う．現代には現代の新しい未知の領域が無限にある．未知の曠野に挑む探検精神を，私は若人に期待したい．

　……わが国においても，女性の野外研究者が活躍しだしている．女性の時代といわれている現在，すべての分野に女性が探検精神を発揮することを切に望みたい．

出所）河合雅雄『ゴリラ探検記―赤道直下アフリカ密林の恐怖』光文社，1961年（1995年復刻版）pp. 7-8 より

✣✣✣ 人間と共同生活

　私たちの毎日の生活は，食べるもの・飲むもの・着るものなどの多くの物資を消費することで成り立っている．ところが，今日では，私たちがこれらを自給自足することはほとんどできないから，モノの生産から流通の各段階において見ず知らずの他人の手を煩わさせなくてはならなくなっている．あるいは，現代の生活では，音楽を楽しむ・電車に乗る・治療を受けるなどのように他人の提供するサービスを求めている場合も非常に多い．このように，私たちが生きていくためには，分業という仕組みのなかで，直接的・間接的に他人との共同を必要としているのである．

　けれども，他の人びととの共同の必要性は，生物としてはまったく無力な状態で生まれてくる私たち人間にとって，ここまで生存してこられただろうか，というもっと根本的な問題になっている．さらに，これは，今この本を手にしている皆さんが，言葉を話し，文字を覚えて他人とコミュニケーションができるようになっていることとも重要なつながりがある．このような問題を知るための手掛かりとしては，私たちとは逆に極端に隔離された環境におかれていたという少女の事例を参照してみることが分かりやすいだろう．

　これは，1938年2月にアメリカ合衆国ペンシルベニア州の農家の物置部屋で6歳ぐらいの少女が発見されたという出来事から始まっている．アンナという仮名をつけられたこの少女は，ある事情のために母親からはミルクを与えられる以外の世話を受けないまま監禁されていたので，当初は目も見えず，耳も聞こえないのではないかと思われたぐらいに周囲に対して無表情・無関心で，知性のひとかけらも示さなかった，と報告されている．つまり，生物としてただ生きているだけの状態だったのである．その後のアンナは，1942年8月に亡くなるまで施設のなかで保護されて生活したのだが，最初の印象とは違って視聴覚や運動能力に異常はなく，言葉も少しずつであるが発達をみせるようになり，基本的な生活習慣を身につけて集団生活にも適応しかかっていた，という記録が残されている．[1)]

すなわち，この事実からは，アンナがたしかに遺伝的に人間の子どもとして生まれており，潜在的にいろいろな能力をもっていたとしても，他の人間との生活，とりわけ親などの年長者からの親密なコミュニケーションを通じて教えられ，育てられなければ，"人間らしさ"を開かせる機会がけっして訪れてこなかっただろうと考えられる．すなわち，生物としてヒトは，他の人間との共同生活を経験しなければ言語や習慣といった文化を学習する機会がなく，人間として発達できないのである．つまり，私たちが人間（にんげん）であることの本質とは，何よりも人と人との間——人間（じんかん）——に暮らすということに根差している，といえよう．

人間（じんかん）生活と社会集団

さて，本書の学問的な基礎になっている社会学（sociology）は，フランスのコント（Comte, A.）が，その著書『実証哲学講義』の第4巻（1839年）のなかで，ラテン語で仲間関係とか友誼関係を意味するsociusにギリシャ語で学問を指すlogosとを結びつけ，sociologieを造語したところに始まるといわれている．すなわち，ここからは，社会学が取り上げる"社会"がまさしく人間（じんかん）であることがあらわされており，社会学とは人間（じんかん）という視点からの人間（にんげん）の科学だ，ということが明らかになってくるのである．

それでは，私たちが人間（にんげん）として生きていくのに欠かすことのできない人間（じんかん）生活の場とは何なのだろうか．社会学では，これを社会集団としてとらえ，重要な研究対象としている．社会集団は，複数の個人が集まってできるものであるけれど，たとえばラッシュ時間のターミナル駅の雑踏のように多くの人びとがただ行き交っている状態を指すのではなく，以下の要件を満たすような，一定のまとまりがあることが必要だとされている．それは，

① 集団にとっての共同の目的や目標・関心・仕事・事業をもっていること．
② 集団成員（メンバー）のあいだに成員同士の相互作用が存在していること．
③ 集団成員のあいだに目標志向の共通性にともなう"われら意識"または

"われら感情"があること．
④ 集団を維持するための規範による規制が存在していること．
であり，このような特徴から集団とは一定の組織性を必要とすると考えられている[2]．そして，社会学における集団研究の具体的なテーマとしては，私たちが生活している場である家族・地域社会（都市と農村）・学校・サークル・企業・組合・団体・国家・民族・国際社会などがあげられことが多い．

ライフコースと社会集団

こうしてみてくると社会学が，私たちの日常の暮らしと密接な非常に身近な学問であることが分かるだろう．なぜなら，一般に人間は，出生とともに家族という社会集団に属し，ライフコースをたどって成長するにつれて多くの集団の成員となって生活し，その人間関係のなかから経験と学習を積んで発達してゆくからである．それは，清水幾太郎によれば，以下のような系列で立ちあらわれてくる，とされている（図表1-1）．

家族集団…親から子どもへ養育と基礎的な社会化が行なわれる．
↓
遊戯集団…幼児が近所の子どもたちとつくる遊び仲間の関係からなる．
↓
隣人集団…地域社会で暮らしている大人を含んだ近隣の人間関係からなる．
↓
学校集団…教育を目的とする集団．教師と生徒，生徒相互の関係からなる．
↓
職業集団…経済的な事業を目的とする集団．職場の人間関係からなる．
↓
基礎的社会…政治や経済の全体的な枠組みをつくる．今日では国家である．
↓
世　　界…個々の国家を超えた国際社会をつくっている[3]．

図表1－1　ライフコースと社会集団の系列

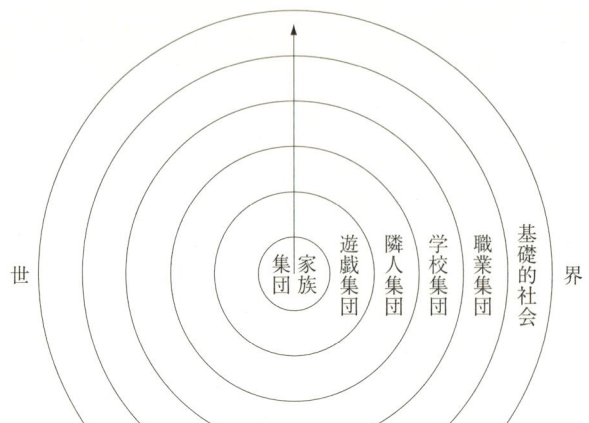

注）原著には，タイトルは記されていない．
出所）清水幾太郎『社会的人間論』角川書店，1954年，p.88

　ところで，本書のテーマになっている若者というのは，いうまでもなく20歳前後の人たちを指すのであるが，これがライフコースにおいて重要な時期にあたっていることは改めて指摘するまでもない．大部分の若者は，この間に学校を出て就職するし，20歳になれば選挙権を，25歳または30歳になれば被選挙権を得るので，「職業集団に属した後は，従来獲得しきたった後天的な力と方法とによって自己を生かし，かつ社会を生かそうと試み，最後に基礎的社会に至っては政治を通じて社会そのものを高めて行く活動の主体となることができる」と述べられているような"社会人"といわれる存在になるからである[4]．つまり，私たちは，幼・少年の時期には家族集団や学校集団において親や教師から社会の一員になるべく人間形成されてきた受け身の存在だったのに対して，青年期に至ると逆に私たちが社会をつくる側へも転じていくことになる．この事実は，やはり若者の時期に多く行なわれる結婚によって，彼らが育てられて

きた両親のつくった家族集団を離れ，自分たちの家族集団を新しくつくることを思い浮かべれば分かりやすい．まさに，若者とは，ライフコースにおけるターニング・ポイントだといえよう．

✣✣ "第三の波"と現代社会

それでは，若者たちが生まれ育ち，これから参加していく社会，とりわけ現代社会とはどのようなものなのだろうか．

さて，現在の人類学などの知識によれば，私たちの遠い先祖である猿人（アウストラロピテクス）がゴリラやチンパンジーといった大型類人猿との共通の祖先から枝分かれして独自の進化の道を歩み始めたのを，今から約500万年前の頃と推定している．そして，その後のいろいろな進化のプロセスを経て私たちと同じ種に属する現代型のヒト（ホモ・サピエンス）が出現したのは，20万年前から10万年前の間ぐらいではないか，と考えられている[5]．

アメリカの未来学者トフラー（Toffler, A.）は，『第三の波』(1980年)という大きな話題をよんだタイトルの著書のなかで，以上のような人類の歴史において激しい変化を促した衝撃を，海岸に押し寄せて来る波にたとえて論じている．すなわち，"第一の波"とは，1万年前ぐらい前に起こった農耕技術の発明による農業革命であって，これが定住的な耕地や村落をつくりだし，古代文明の基礎になったとされている．次の"第二の波"というのは，イギリスで300年ほど前に始まった産業革命を起点としてヨーロッパ・アメリカ・日本などに押し寄せた工業化の勢いを表している表現である．そして，世界が"第三の波"に洗われるようになる歴史的な転回点としては，アメリカでホワイトカラーとサービス産業労働者の数が史上はじめて筋肉労働者を上回った1955年からの10年間に起こったコンピュータの広汎な使用・商業ジェット便の発達・産児制限ピルの解禁などによる技術的・社会的な変化が来たことに始まる，ととらえられている[6]．ここで，トフラーのいう3つの波を，世界史のテキストなどで使用される一般的な時代区分に準じさせれば，以下のようにまとめることができるだ

ろう.

　"第一の波"以前→原始時代,狩猟・採集による部族社会の生活
　"第一の波"→古代・中世,農業社会への変動
　"第二の波"→近代,工業社会への変動
　"第三の波"→現代,情報社会への変動

　人類の歴史では, "第一の波"以前がきわめて長く続き, 以後は波の訪れがしだいにあわただしくなり, ますます変化が速くなってきている. そして, トフラーによれば, "第三の波"の時代では, 近代工業社会における文明の原理とはまったく異なった方向転換が起こって, 非集中化・非大量化・非同時化・非標準化に向かうと想定されている[7]. この指摘は, 意外に見える. しかし, トフラーは, これまで少数のマス・メディアが大量な情報を広範囲へ一方的に発信——放送(ブロードキャスト)の全盛——していたのに対して, これからは多種多様な小規模な専門的メディアや双方向な情報交換を試みる個別メディア——トフラーの造語によれば"ナロー・キャスト"——が発達すると主張している. このことは, 多チャンネル化やデジタル化あるいはインターネットが最近になって急激に普及し, 利用されている事実をみると実証されつつあるように思われる.

✣✣ "現代社会第一世代"と現在の若者世代

　さて, 今みたように, "第三の波"が寄せ始めたのは, アメリカで1955年頃とされている. これは, ちょうど50年前のことで, 現在の20歳前後の若者の親たちの年齢の期間にほぼ該当する. 彼らは, 第二次世界大戦後の出生数の推移にあるように, いわゆる1947年から1949年にかけての第一次ベビーブームに生まれた"団塊の世代"の後の出生数が落ち着いてきた時期に生を受けた世代であり, いわば現代社会の起源からを生きてきた"現代社会第一世代"である. このような彼らの自分史の始まりにあたる1955年とは, わが国の年号に当てはめれば昭和30年であり, 日本が第二次世界大戦に敗北した後の大きな混乱

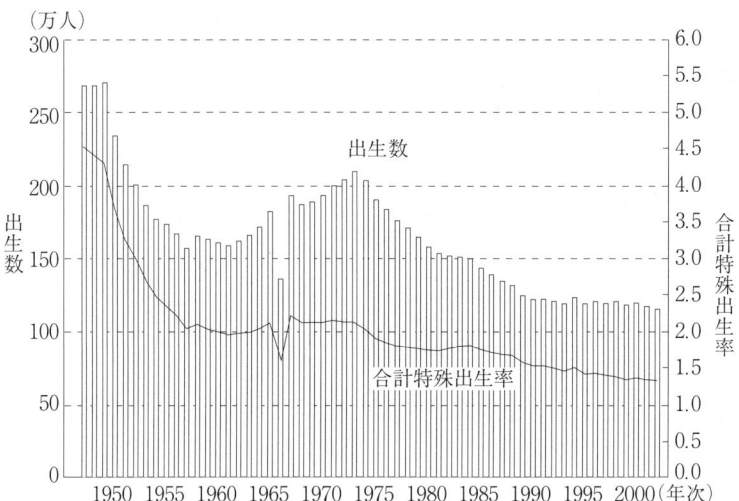

図表１－２　出生数及び合計特殊出生率の推移：1947〜2002年

注）厚生労働省統計情報部『人口動態統計』および国立社会保障・人口問題研究所『人口問題研究』による．

出所）国立社会保障・人口問題研究所『人口の動向　日本と世界―人口統計資料集2004』㈶厚生統計協会，2004年，p.5

からの復興を経て"現代日本社会の原風景"ともいうべき新しい社会構造へと変動していった時代でもあった．

　そして，"現代社会第一世代"である親たちに育てられ，生活をともにしてきた今の若者たちは，1971年から1975年ぐらいにかけてあった第二次ベビーブームとその少し後に生まれた"団塊ジュニア"の後につづく世代である．彼らは，昭和時代も残り少なくなった1985年前後に生まれ，合計特殊出生率の急激な低下が話題になった"1.57ショック"（1989年）があった時代に象徴されるような少子化の先頭を走っている世代なのである（図表１－２）．

産業化と若者たち

　そこで，ここからは，1955年すなわち昭和30年ぐらいからの現代社会の変

図表1－3　産業三部門別就業者構成割合の推移：1950〜2002年

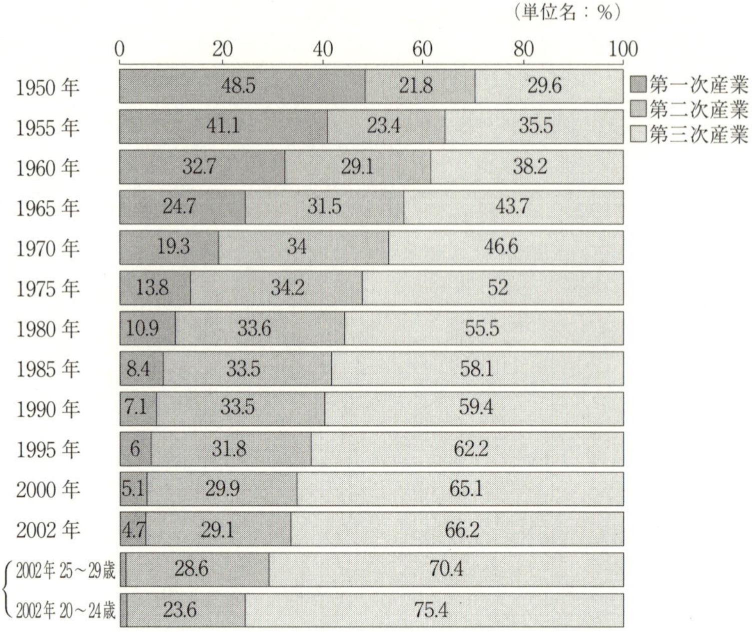

(単位名：％)

年	第一次産業	第二次産業	第三次産業
1950年	48.5	21.8	29.6
1955年	41.1	23.4	35.5
1960年	32.7	29.1	38.2
1965年	24.7	31.5	43.7
1970年	19.3	34	46.6
1975年	13.8	34.2	52
1980年	10.9	33.6	55.5
1985年	8.4	33.5	58.1
1990年	7.1	33.5	59.4
1995年	6	31.8	62.2
2000年	5.1	29.9	65.1
2002年	4.7	29.1	66.2
2002年25〜29歳		28.6	70.4
2002年20〜24歳		23.6	75.4

注）1950〜2002年は，総務庁統計局『国勢調査報告』より．2002年は，総務省『平成14年労働調査』より

出所）1950〜2000年は，国立社会保障・人口問題研究所編『人口の動向　日本と世界―人口統計資料集2004』㈶厚生統計協会，2004年，p.141
2002年は，生活情報センター編『若者ライフスタイル資料集2004年版』生活情報センター，2004年，pp.24〜25
それぞれに所収のデータにもとづいて作成．

動のなかから産業化・都市化・高齢化の3つの現象を取り上げ，親たちと今の若者たちの生活史を振り返ってみることにしたい．

　産業化とは，経済活動をになう産業構造が第一次産業（農業・林業・漁業）から第二次産業（鉱業・製造業・建築業）を経て第三次産業（商業・サービス業など）へとGDP（国内総生産）や就業人口がシフトし，高次化することと考えたい．ここでは，1950年からの産業三部門別の就業者構成割合の推移を取り上げることでこれを確かめることにしよう（図表1－3）．

昭和30年代は，まさしく日本が産業化への足取りを速めた時期にあたっている．すなわち，1956年度の『経済白書』が「もはや戦後でない」と述べたように日本経済が復興を完了し，近代化に支えられた新たな成長局面に入ったことが指摘され，一方で政治的にも1955年11月の自由民主党の成立によって"55年体制"といわれる長期政権への基盤が固まったことがあげられるからである．たしかに，1955年の都市住民の月平均消費支出額は33,000円，エンゲル係数は46.9であって収入の半分近くを食費に使わなくてはならないという貧しさはあったけれど，1955～1960年の年平均成長率は8.7%となっており，高度経済成長の前段階となっていたのである．

　高度経済成長の時代は，昭和30年代の最後の年である1964年に開催された東京オリンピックを刺激材料に第二次産業——すなわち工業——を原動力として実現していったから，工場で大量生産された家庭電化製品などが普及するという動きがしだいに活発になっていった．これらの耐久消費財は，当時"三種の神器"(電気冷蔵庫・電気洗濯機・白黒テレビ《または電気掃除機》)ともてはやされたが，食品の長期保存が可能になり，手作業で掃除も洗濯もする必要がなくなり，家庭で居ながらにして映像情報に接することができるというように，日本人のライフスタイルに大きな変化を与えた．こうして，日本が大阪万国博を開き，"経済大国"になったと自負した1970年代初頭にはエンゲル係数も33.1(1971年)に下がって豊かさもようやく実現したとみられたのである．もっとも，その直後の1973年に起こったオイル・ショックによって高度成長は終わりを告げ，以後日本経済は好況と不況を交互に経験することになる．

　そして，1970年代以降に進んだのがサービス経済化である．これは，第三次産業の就業者のみが比率を伸ばしている事実からもわかり，「労働力調査」によれば今や67%(2003年)に至っている．このような事実から日本の産業社会は，すでにベル(Bell, D.)のいうところの脱工業社会の段階に到達したとみてよいだろう．ベルは，脱工業社会では人間的サービス——教育・医療・福祉など——や専門職サービス——分析・計画立案・設計・プログラミングなど——

がとくに拡大すると考えている[8]．とりわけ，図表１-３のように若者たちの就業者構成には明らかにそうした特徴があらわれており，彼らが脱工業化をリードしているといえよう．もはや，現在の若者の多くにとっては，農業による土の香りも，建築現場や工場で額に汗する"ものづくり"の経験もしだいに遠い存在になりつつある．

　"現代社会第一世代"は，以上のような背景のもとに日本が豊かさをめざし，実現するなかで若者の時期を過ごしてきたから，団塊世代が起こした大学紛争などに代表される激しい反体制行動をとることがなかった．その子どもたちである今の若者も，物質的には十分な豊かさのなかに生活してきている．しかし，現在の若者たちは，バブル崩壊から平成不況の時代に成長してきたために，日本社会が成熟しきった後であるがゆえのさまざまな問題――たとえば，就職がしにくい――を受けており，先行きの不透明感をもっているようである．

都市化と若者たち

　都市とは，人類が文明を形成した証拠として数々の古代都市の遺跡が発掘されていることからも明らかなように，古くからあったわけで，けっして最近の産物ではない．しかし，現代日本の産業化は，地域社会に都市化という大きな変動をもたらした．

　都市は，ワース（Wirth, L.）のいう通り，農村と比較すれば人口量が多く，人口密度が高く，住民の異質性が大きいことを，地域社会（コミュニティ）の性格としてもっている[9]．もっとも，これらは，人間がただ漠然と集まってからできたというのではなく，首都や城郭が造営されたり，市場や寺社があって商業や信仰の中心地だったり，工場や住宅が開発されたりするなどの何らかの人為的なきっかけがあって人が引き付けられて形成されてきたからである．このような歴史的な経緯から都市の都市たる性質とは，鈴木栄太郎が定義したように，都市とは国民社会を動かしている各種の流れ――商品流布・国民治安・国民統治・技術文化流布・国民信仰・交通・通信・教育・娯楽――を結びつける節目

第1章　現代社会の変動と若者

になる機関——たとえば商店・警察署・役所・工場・寺社・駅・郵便局・学校・映画館など——を蔵している聚落社会である，とする結節機関説が重要であるように思われる．そして，国民社会における大中小の諸都市は，結節機関の上下や多寡に応じて配列されている，と考えられている[10]．これを，現代日本でみると，東京・大阪・名古屋の三大都市圏に，とりわけ東京都に結節機関の全国的な中枢部が集中している事実を明らかに指摘することができる．

そこで，注目するべきなのが，こうした都市的な業務を遂行するには多くの労働力を必要とするために農村部から都市部への人口移動が起こってくるということだろう．すなわち，"現代社会第一世代"が生まれた1955年頃には，都市化の指標となる市部人口が全人口の過半数を初めて超えるようになり，1960年には63.3％となっている．これは，長らく日本社会の基礎を支えてきた農村に代わって新しく都市の時代が開幕したことを意味している．さらに，この時期には，明治時代以来，約5人という値を続けてきた一世帯当たりの平均人数が1955～60年の間に4.97人から4.54人へと減少したという事実もあげられよう．世帯人数は，家族の人数にほぼ該当するから，世帯の分離にともなって伝統的な"いえ"が解体し，都市で暮らす夫婦中心による核家族化への傾向があらわれている．つまり，現代社会への構造変動は，やはり1950年代の後半になって現実化し，"現代社会第一世代"のなかには幼・少年時代に親たちに連れられ，あるいは進学や就職をきっかけに都市に出て都市社会の担い手になった人びとも多くいた．

このような事情から，"現代社会第一世代"は，まだ自分たちの親を"田舎のおじいちゃん・おばあちゃん"としてもっていたり，郷里に残ったきょうだいらと親戚付き合いをしているかもしれない．しかし，彼らの子どもである現在の若者で，生まれながらの"都会っ子"として育ってきた者たちにとっては，郷愁を感じる故郷をすでに有していない例も多いのではないだろうか．

現代都市の生活は，国土面積の約3％しかない人口集中地区（人口密度4000人以上）に全人口の65％が住む（2000年）という極度の過密・住宅難・通勤地獄・

図表1−4　大都市圏の魅力

「一般に他の地方と比較して，東京圏（大阪圏）の魅力という時何を思いうかべますか.」について回答.

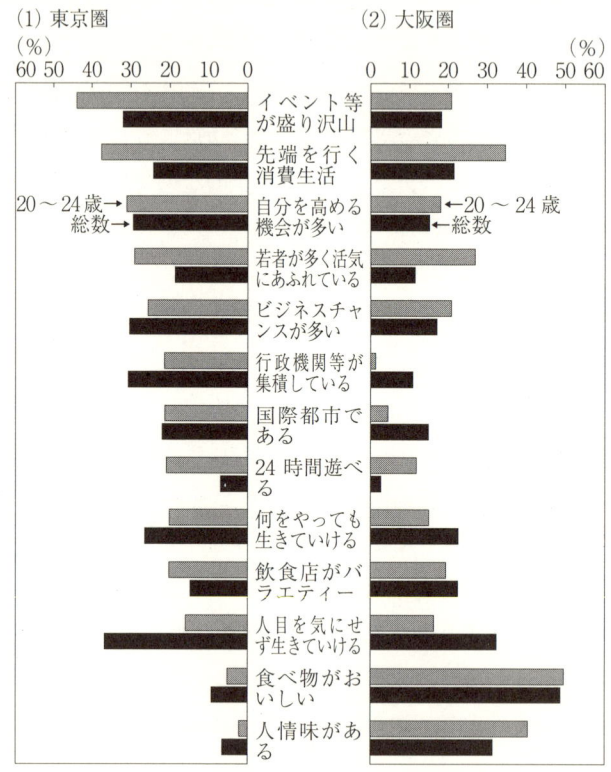

注) 1. 経済企画庁（現内閣府）「平成3年度国民生活選好度調査」
　　　により作成.
　　2. 対象は東京圏，大阪圏に居住する計2,585人.
出所) 経済企画庁（現内閣府）国民生活局『平成3年版　国民生活白書』大蔵省（現財務省）印刷局，1991年，p.74

自動車の渋滞や交通事故・犯罪や非行の多発・人工物に埋めつくされた自然環境の破壊・ヒートアイランド現象・社会資本整備の遅れ・近隣関係の希薄さなどによってけっして住みやすいとはいえない．それでも都市の若者たちは，都市に住みつづけなければならないし，現に住んでいる．それには，都会の発す

る"都市の魅力"が作用していると考えられる．たとえば，1991年の「国民生活選好度調査」の結果によれば，東京と大阪にいる大都市圏の住民は，ビジネスチャンス・匿名性・都市にある施設や行われるイベントの享受・先進的で豊かな消費生活・自分を高める機会の提供など都市の社会的な機能への共感を明らかに示している．そして，若者では，かかる文化・消費・娯楽に加えて若者らしい活気や流行をいちはやくキャッチする"目立ちたがり"への関心がより強くあらわれている．[11] つまり，彼らは，都市的な生活様式にきわめて適応している世代だといえる（図表1-4）．

高齢化と若者たち

　現代の先進国とりわけ日本社会は，今では完全に高齢社会となった．高齢化の指標としての国際連合の分類では，65歳以上の高齢者の比率が全人口の7％を超えると高齢化社会，14％を超えると高齢社会というが，わが国はこれを1970年からの24年間でとっくに突破している．すなわち，"現代社会第一世代"が少年時代であって高度経済成長が謳歌されていた時には，すでに高齢化が国民的にはあまり気づかれないうちに始まっていたことが分かる．そして，最新の2004年9月の総務省の推計によれば，65歳以上は2,484万人となり，人口の19.5％にまで達し，高齢化率21％以上という超高齢社会も目前に迫っているのである．

　このような経過は，現在の若者たちにとって，これからの超高齢時代を生き抜かねばならないという宿命を負わされていることを意味している．なぜならば，今後の日本の高齢化は，他国よりも速く，かつ程度も高くなっていくことが予想されており，人数の多い団塊の世代につづいて"現代社会第一世代"が高齢者となる2020年頃には約28％に，現在の若者が65歳以上に到達する2050年前後には3人に1人以上が高齢者で，とりわけ75歳以上の後期高齢者だけで21.5％にもなる，という推計が出ているからである（図表1-5）．このように，今の若者たちが社会的に活動する21世紀前半の日本社会の変動は，若者

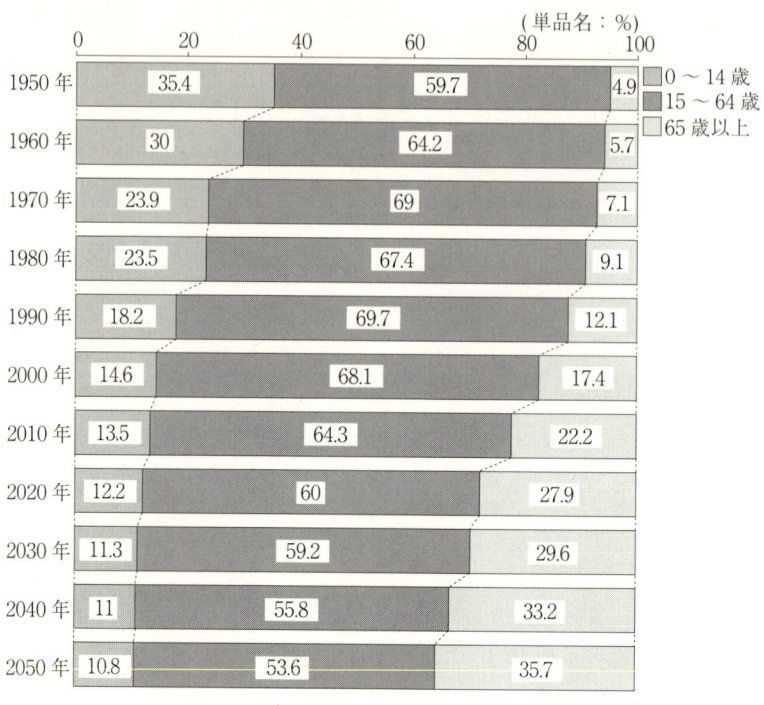

図表1-5　人口（3区分）別割合の推移と推計：1950～2050年

注）1950～2000年は総務庁統計局『国勢調査報告』より．2010～2050年は国立社会保障・人口問題研究所『日本の将来推計人口』より．
出所）国立社会保障・人口問題研究所編『人口の動向　日本と世界―人口統計資料集2004』㈶厚生統計協会，2004年，pp.30～31，所収のデータにもとづいて作成．

より老人がどんどん多くなるという老いの色彩を濃くしながら，そのうえに2006年ないし2007年から始まるであろう人口減少も加わって進んでいくものと考えられる．

　もっとも，単に65歳以上という年齢だけで"高齢者"とすることについては疑問もあるし，何より高齢化現象が日本の経済・医療・栄養・衛生などにみられる生活水準の向上に尽くした先人の努力と豊かさのおかげで実現したという歓迎するべき出来事であることを忘れてはならない．それでも，多くの人たち

が高齢期の生活に不安をもっていることも事実である．これは，若者にとっても同様で，たとえば内閣府が2004年に行なった「年齢・加齢に対する考え方に関する意識調査」では，"高齢期の生活に不安を感じるか"との設問に対する不安層は50代の87.1％をはじめ全世代平均で80.6％に達したが，20代でも74.2％となっていた．もちろん，このような意見が出てくるのは，自分の健康のこともあるけれど，高齢化による労働力の減少によって経済の活力を保てるのか，とくに年金・医療・福祉などの社会保障給付が維持できるのか，といった難しい課題が日本社会にあることがニュースなどで報じられているためではないだろうか．たしかに，政府や地方公共団体によっていろいろな対策や改革が検討され，実施されてはいるものの，今後の状況はやはり厳しいとしなければならないからである．そもそも，社会保障や社会福祉は，家族や親族の機能が衰えてきたために，これを代替するために発達してきたものだから，現代社会における必要性はますます増しているといえよう．しかし，公的な社会保障にも限界があることが明らかになってきた今日では，自助自立の徹底・家族や親族による保護機能の再強化・地域社会の絆の活性化・NPOや民間ボランティアの活動促進などの必要性も叫ばれている．

そして，個別的にみれば，老親の扶養や介護とか自分たちの老後生活をどうするのかといった問題が指摘できよう．"現代社会第一世代"では，彼らの親の世代がすでに高齢に達しており，寿命の伸びにともなって親の老後に自分の老後が重なってしまう場合も珍しくないので，生活に難題をかかえる人たちがしだいに増えていくことだろう．それは，現在の若者たちにとっても，20年後くらいには同じことの繰り返しとなって突き付けられてくるはずである．いずれにせよ，高齢化という社会変動に私たちが対処するには，若者の時期から将来に備えた充実した生き方を選ぶことが望まれるのである．

〔注〕

1) デーヴィス, K.（中峰朝子訳）「隔離環境で育った子アンナの最終報告」1947年（中野善達編訳『遺伝と環境－野生児からの考察』福村出版，1978年．pp.105

-119）
2）村田充八「社会的行為と社会集団」木村雅文他『増訂 社会学講義』八千代出版，1993年．p.54
3）清水幾太郎『社会的人間論』角川書店，1954年（初版は1940年），pp.22-97
4）清水，前掲書，p.88
5）埴原和郎『人類の進化史――20世紀の総括』講談社，2004年．p.46，p.220．
6）トフラー，A.（徳岡孝夫監訳）『第三の波』中央公論社，1982年，pp.31-33
7）トフラー，前掲書，pp.155-172
8）ベル，D.（山崎正和他訳）『知識社会の衝撃』TBSブリタニカ．1995年．pp.44-45
9）ワース，L.（高橋勇悦訳）「生活様式としてのアーバニズム」（鈴木広訳編『都市化の社会学』増補版 誠信書房，1978年，p.133）
10）鈴木栄太郎『都市社会学原理』（鈴木栄太郎著作集Ⅵ）未来社，1969年，pp.79-142
11）経済企画庁国民生活局『平成3年版 国民生活白書』大蔵省印刷局，1991年，pp.73-75
12）『毎日新聞』2004年6月17日付朝刊

〔参考文献〕

金子勇・長谷川公一『マクロ社会学――社会変動と時代診断の科学』新曜社，1993年
古城利明・矢澤修次郎編『現代社会論』新版 有斐閣，2004年
山田　實『社会学の道案内』芦書房，2004年
安藤喜久雄編『若者のライフスタイル』学文社，1998年
小谷　敏『若者たちの変貌――世代をめぐる社会学的物語』世界思想社，1998年

第2章

性

† キーターム †

性行為 性交を中心とする性欲を満たす行為．性器の結合だけでなく，キス，口や手を用いた愛撫や抱きしめるなどの肌のふれあいも含む．生殖，快楽，連帯の3側面がある．性行為に伴うトラブルとして妊娠，性痛，性行為感染症，相手や自己のパーソナリティの崩壊などがある．

性行為感染症 性行為を通して感染する疾患．梅毒，淋病，クラミジア，性器ヘルペス，エイズなどがある．男性よりも女性の方が感染しやすく，しかも男性は排尿痛などで早く気がつくが，女性は無自覚なまま悪化することが多い．

避妊 人為的に妊娠しないようにすること．避妊具としてコンドーム，ペッサリー，リングなどがある．避妊薬として経口避妊薬（ピル）がある．主にコンドームが使用されるが，使用の意思が女性より男性にまかされることが多い．

セックスは人間の基本的欲求に基づいた営み

「セックスの第一義は"生殖"です．とはいえ，世間ではそれを目的としないセックスのほうが圧倒的に多いのも事実．その場合，セックスは互いの親密さを確認し，より良いパートナーシップを確立する行為ということになります」（早稲田大学教授・山元大輔さん）

人間は，生きるために他者との親密な触れ合いを必要とする．セックスは，その基本的欲求を満たすことのできる行為だといえる．

セックスは互いの親密さを確認し合う行為のはずなのに，逆に身体を重ねることで不安ばかりが増してしまうときがあるのはなぜ？

「それは相手に身体を許しても心を開いていないから．人と人が絆を結ぶには，身体の関係だけでなく言葉によるコミュニケーションも必要．なのに幻滅されるのが怖くて必要なことを聞けなかったり，自分の希望を伝えることができない人が多い．心も身体も満たされるセックスをしている女性は，相手が今の自分を丸ごと受け入れてくれていると信じている．だからありのままの自分に自信が持てるんです」（産婦人科医・池上育子さん）

出所）『アン・アン』2004年7月7日号，マガジンハウス

✜✜ 性交経験率の推移

　性は，若者がもっとも興味をもつことがらである．興味をもつという生易しいことではなく，自分の内部で蠢く性欲に悩まされ，それをいかに満たすかが若者の生活の大きな課題となる．勉学や仕事に励んでいても，とかく性的妄想が鎌首を持ち上げ，つい勉学や仕事がおろそかになってしまう．性は人間を無間地獄へ引きずりこもうとするやっかいなものである．

　性欲は満たされないと悩みの種となるが，満たされると生きる原動力にもなる．愛する異性と身も心もひとつになることは限りない悦びである．だが，ふつう性関係をもつことは結婚した男女にのみ許され，その相手は配偶者のみとされる．結婚していない男女が性関係をもつと非難される．結婚によって満たされる性欲は，10代後半から20代前半にかけてもっとも強くなる．しかし結婚している若者は少ない．もっとも欲求が強い時にそれが満たされない．そこで若者は性欲に悩まされ悶々とした日々を過ごすことになる．

　とはいっても近年，婚前交渉という言葉が死語になったことが示すように，若者の性交経験率が上昇している．以下その推移をみてみよう．

　性交経験率は，中学生も高校生も大学生も年を追うごとに増加している．中学生は，1987年からの調査である．それ以前は中学生が性交することは考えられなかったし，実際に経験者もごくわずかだった．しかし援助交際などのように少女の性の乱れが話題にのぼるようになり，中学生でも性関係をもつことが生じたので，1987年から中学生に対しても調査が行われるようになった．しかし中学生の経験率は微々たるものであり，上昇率も低い．

　高校生になると1974年時点では10％前後だった経験率が，1999年となると30％近くに達する．また男子と女子の比率がもつれながら上昇している．中学生も男女の割合が交差しているが高校生の方が入れ替わりが激しい．高校生は思春期後期に当たるが，女子の方は男子に比べ早熟であり，さらに女子はふつう年上の男性と性関係をもつので，女子の方が男子を上回ることもある．

　大学生は中学生，高校生と異なり，男子と女子は並行して経験率は上昇して

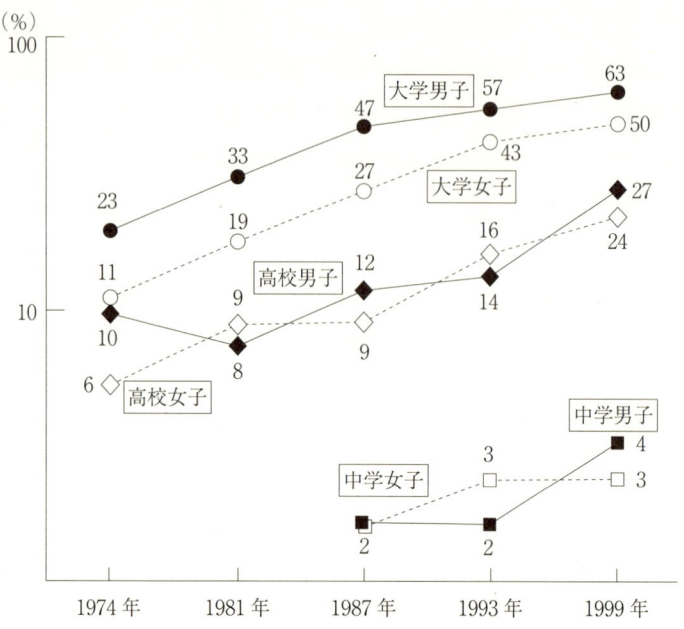

図表2－1　性交経験率の推移

出所）日本性教育協会『「若者の性」白書』小学館，2001年，p.12

いる．男女差は10％余りで，男子の方が多い．また1974年頃は，高校生との差が少なく，特に高校男子と大学女子はほぼ同じだが，しだいに高校生との差が開いてくる．高学歴化が進行し，勉学よりもレジャー感覚で大学へ進学する学生が増えるのに伴い，男女交際が盛んになり，性体験をもつ学生が増える．けれど中学生や高校生と異なり，女子が男子を上回ることはない．大学生になると，校則にがんじがらめにされたそれまでの学校生活と異なり，自由な学生生活となる．親元を離れ一人暮らしも増え，年齢も成人に達する．世間や親の目が届かなくなると，もろもろの欲求が解き放たれる．性的衝動も同様である．けれども男子と女子の性衝動の違いや，社会規範の内面化の度合いが経験率の差となってあらわれる．

第2章 性

✥✥ 性行動におけるイニシアティブ

それでは性行動におけるイニシアティブをみてみよう．

デートに誘うのは中学生の場合，男子は「自分から」が多いが，近年，「相手から」が増えている．女子は「自分から」が減少し，「相手から」が増えている．男子からみれば，女子が誘ったようにみえるが，女子の方は相手から誘われたと思っている．男女関係にすれ違いはつきものだが，中学生の頃は男女交際は不慣れで試行錯誤する．そこでどちらが誘ったか男女によって受け取りかたが異なる．「どちらともいえない」が男女とも半数近くを占めていることにそれが示されている．

デートの経験率は，男女差がほとんどない．女子は「相手から」誘われたという回答が倍増しているが，それを額面通りに受け取れば，女子はデートに対し消極的だが，男子は積極的だということになる．もっとも恋愛に関して女性は男性より一枚上手なので，それとなく男性を誘っていることもある．女子はより巧妙に男子を誘うようになったともいえる．

図表2－2 性行動におけるイニシアティブ

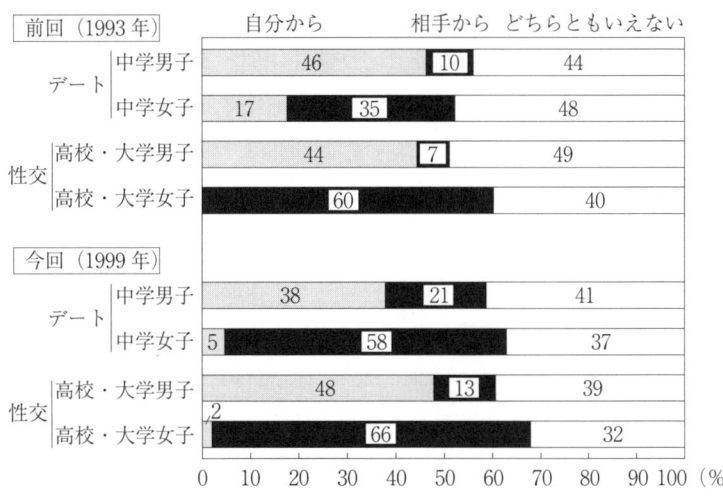

出所）前掲書 p.17

性交となると，高校生，大学生とも男子は「自分から」がたしかに多いが，「相手から」も倍増している．女子は圧倒的に「相手から」が多い．

デートにしろ性交にしろどちらが誘うかを調べる際，事実としてそうあるのか，あるいは，そうあるべきという規範の存在を示すものであるか見きわめる必要がある．事実と規範が一致することもあるが，一致しないこともある．ふつう，男が誘うべきで女が誘うのははしたないという規範があるので，女子があからさまに誘うことはしないで，自分が誘われるように男子を仕向けることもあるし，事実上は自分が誘っても，このような調査の回答には男子が誘ったと回答することもある．

✣✣ 性交の動機

性交の動機やきっかけは「好きだったから」が一番多い．「愛していたから」もわりと多い．しかし男子が多いのは「好奇心から」と「経験してみたいと思ったから」である．性交をもちかけるのは圧倒的に男子が多い．性的欲求の強さや，性交を体験することが一人前のしるしとされるので積極的なのである．それに対し，女子の場合は性的欲求はそれほど強くないし，性交すれば妊娠のおそれもあるので，好きとか愛という条件が加わる．また相手の要求に応じないと嫌われるから，セックスをすることもある．

そこで，「愛情がなくてもセックスすること」についての調査結果をみると男子は「どちらかといえばかまわない」や「どちらかといえばよくない」が多い．女子は「よくない」「どちらかといえばよくない」が多い．そして，男女とも「かまわない」がそれほど多くない．フリーセックスや援助交際につながる考えは世に喧伝されるほど強くなく，性道徳が若者の間でも生きているといえる．ただ，高校生の男子は中学生や大学生に比べると，「かまわない」が比較的多い．性衝動がもっとも昂進する年齢なので，愛情という垣根が吹き飛んでいるのだろう．でも男女を比べると，男子は必ずしも愛情がなくてもセックスするが，女子は愛情という条件を付けたがる．男子は好奇心や性欲を解消す

第2章　性

図表2-3　性交の動機やきっかけ

問20（f）初めてセックス（性交）を経験したときの，動機やきっかけは何ですか？（あてはまるものすべてに○をつける）
(%)

	中学生		高校生		大学生	
	男子	女子	男子	女子	男子	女子
愛していたから	48.8	24.2	39.7	38.1	32.9	27.3
好きだったから	60.5	57.6	62.7	72.3	68.5	68.4
好奇心から	32.6	24.2	50.2	30.8	56.6	26.0
経験してみたいと思っていたから	39.5	33.3	60.3	36.2	74.0	46.3
遊び半分で	16.3		9.8	5.0	5.3	2.6
酒などを飲んで	2.3	3.0	6.3	3.1	11.2	3.0
シンナーや薬物遊びなどをしていて						
相手をつなぎとめたくて			2.4	3.5	0.7	4.3
無理やり	4.7	6.1	2.4	2.3	0.7	3.9
友人に遅れたくなくて			10.1	7.7	7.4	3.9
お金がほしくて			0.3			
ただ何となく	16.3	18.2	12.9	7.7	1.7	8.2
その他（　）	4.7		1.0	2.3	4.5	4.8
基数100%（人）	43	33	287	260	419	231

出所）前掲書　p.192

るためにセックスするが，女子は相手との愛情を強めたいからセックスする傾向がみられる．

✥✥ セックスの意味

　動物と異なり，人間の性は生殖だけに限定されない．生殖の性の他に，文化としての性もある．文化としての性とは快楽，連帯ということである．連帯を平たくいえば，ふれあい・コミュニケーションということである．かつて家制度が厳格に守られていた頃は，夫婦の性は生殖に限定され，快楽や連帯の要素は軽視された．結婚と性と生殖が三位一体であり，結婚した男女にだけ子どもを産むために性交することが認められていた．しかし，現代では独身者がセックスすることは自然なことになっている．独身者のセックスは子どもを産むためではない．彼らは自分の快楽や，相手とのふれあい・コミュニケーションを

図表2-4 セックスの意味（複数回答，性・年齢別，集計ベースは国民）

(%)	全体	男性						女性					
		16〜19歳	20代	30代	40代	50代	60代	16〜19歳	20代	30代	40代	50代	60代
愛情表現	73	79	86	82	76	69	67	73	80	74	74	66	61
ふれあい（コミュニケーション）	47	30	48	57	51	47	25	40	68	62	56	37	26
安らぎ	22	34	23	23	26	26	25	9	21	26	17	16	14
子どもを作るための行為	35	49	40	50	33	26	24	58	47	38	35	28	24
快楽	29	40	55	53	47	41	31	27	19	20	15	10	6
ストレス解消	12	11	11	16	19	20	23	4	5	7	7	9	8
義務	9	2	3	4	5	6	4	2	5	9	14	16	26
征服欲をみたすもの	3	4	6	3	5	4	8	4	1	0	1	0	2
不快・苦痛	2	0	0	1	1	0	1	2	3	5	4	4	6
自分とは関係ないもの	2	2	0	0	0	0	3	4	1	2	0	3	4
その他	1	2	1	1	1	0	1	0	0	1	1	0	1
無記入	3	4	1	1	1	1	4	4	1	2	1	6	5

出所）NHK「日本人の性」プロジェクト『NHK日本人の性行動・性意識』NHK出版, 2002年, p.18

もつために性交する．

　ある調査によれば，性交経験の評価は，男子は「気持ちよかった」「深い関係」が多く，女子は「深い関係」「相手からの愛情」が多い．「気持ちよかった」は快楽，「深い関係」と「相手からの愛情」はふれあい・コミュニケーションである．身体構造や心のあり方の違いで，性体験に対する男と女の評価が異なる．

　NHKの調査によれば，セックスの意味は，世代を平均すると，「愛情表現」「ふれあい（コミュニケーション）」「子どもを作るための行為」「快楽」「やすらぎ」の順位となる．配偶者や恋人に対する愛情表現であり，身体だけでなく心のふれあいが快楽をしのぐ．ひとりよがりな自分だけの快楽ではなく，相手の心と身体を思いやり，相手と身も心もひとつになることである．しかし，若者の場合，男女別にみると，どちらも「愛情表現」が一番多いが，男子は女子に比べ「快楽」が多く，女子は男子に比べ「ふれあい」が多い．

この男女差は，男女の身体の生理的な構造の違いが一因である．男子は射精すれば相手が誰であれ，常に快感が得られるのに対し，女子は初めての性交に痛みを感ずることもあるし，相手になんらかの好意をもたないとふつう快感を感じない．男性は性交を挿入行為ととらえるが，女性は性器の結合よりも肌と肌のふれあいを重視する．男性とやさしく抱き合いたいのである．「抱く」という言葉が性交の婉曲な表現であるように，人間の性行為は性器と性器の結合だけでなく，やさしく抱きあうことも含んでいる．

✢✢✢ 避　妊

　ある調査では，性交経験の評価には男子の場合，「大人の仲間入り」「快感」「ストレス解消」で，女子の場合，「妊娠の心配」「親にどういおうか」「二人が結ばれた」が多い．女子は性交を男子に比べマイナスに評価するが，それは妊娠をおそれるからである．ちなみに健康な男女が一回のセックスで妊娠する可能性は20％から30％だといわれる．

　そこで避妊の実行率をみると，中学と大学がほぼ同じ割合だが高校がやや低い．そして高校，大学とも女子が男子に比べて低い．その方法は「コンドーム」が圧倒的に多く，「膣外射精法」がそれに次ぐ．女子が男子に比べて多いのは「月経からの日数を数える」のみである．

　このことから，避妊の主導権は男子が握っていることがわかる．男子が避妊するのは「相手の身体を思いやって」である．男子は射精に快感を得て，それで終わりだが，女子は妊娠するおそれがあるので，性交は男にとっては終結点，女にとっては始発点ともいわれる．もし妊娠すれば彼女の心も身体も何らかの傷を負う．そうならないために，男子は女子を思いやる気持ちから避妊する．その意味で避妊しないのは，思いやりの気持ちが少ないからだといえる．

　避妊しない理由は，男子は「めんどうくさいから」「たぶん妊娠しないから」が多く，女子は「準備していないことが多いから」が多い．「コンドーム」が圧倒的に使用されているが，使用しない場合は，コンドームを「つける

のがおっくう」だとか，「つけないほうが快感が高まる」という理由が多い．ペッサリーやリングで妊娠をふせいだり，ピルも服用している女子はまれであるし，コンドームも持ち合わせていない女子が多い．これは，その場のムードに応じてついセックスに及んだことが多いことを示している．

その結果，望まない妊娠をすると，身体にダメージをうけるだけでなく，精神的に大きな負担を強いられる．そうならないために，男子は必ずコンドームを付け，女子は避妊を怠らないようにする．

避妊方法として一番コンドームが使われるが，男子の意思にまかされやすい．男子はコンドームをつけることを嫌ったり，めんどうくさがったりするので，女子ははっきりとコンドームの使用を男子に要求する．コンドームには男性用だけでなく，女性用もある．男性用に比べると大きく，女性の膣内に装着して使用する．生の感触に近く，性交痛が起こりにくく，感触がよい．

経口避妊薬（ピル）は人工的に女性ホルモンを少量投与することで，擬似的に妊娠状態にさせ，避妊する．定期的に服用することで避妊効果を維持する．

リングは，子宮内に受精卵が癒着できないように医師に挿入してもらう．出産経験がある女性に向いており，子宮の入り口の狭い人，子宮や卵管などにトラブルがある人，月経痛の激しい人は不向きである．

避妊ペッサリーは，子宮内に円形のゴムキャップを付けて，精子の子宮内への進入を防ぐ．いろいろなサイズがあり，最初に医師のアドバイスが必要である．膣の中の正しい位置に装着するのが難しく，余り使用されていない．

避妊具や避妊薬を用いる以外に，妊娠するおそれのあるときにセックスしないオギノ式避妊法がある．これは次回の月経予定日から排卵日を推定し，その前後10日間ほどセックスしない避妊法である．女子は「月経からの日数を数える」という避妊法を一番使うが，オギノ式のことである．

以上が代表的な避妊方法だが，避妊をしたからといって完全に避妊できるわけではない．いくつかの組み合わせが避妊をより確実にする．避妊方法をひとつだけ使うのであれば，コンドームがよい．できればコンドームと他の方法の

組み合わせが望ましい．ただし，男性用コンドームの二枚重ね，男性用と女性用のコンドームの併用は，コンドームが破損するために不可である．

「膣外射精法」もわりと用いられているが，射精寸前の透明の，いわゆるガマン汁にも精子が混ざっているので妊娠することがある．外出しで妊娠しないのはたんなる偶然にすぎない．

✣✣ 性行為感染症

性行為に伴うトラブルは妊娠の他に，性行為感染症がある．性行為感染症は，男性よりも女性の方が感染するリスクが高く，しかも男性は排尿痛などで比較的に早く気がつくことが多いが，女性は無症候で進展することが多い．気がつくのは，骨盤内感染症などでの急性腹症や卵管癒着での不妊症と判断された時が多い．

性行為感染症には梅毒，淋病，クラミジア，性器ヘルペス，エイズなどがある．

梅毒は潜伏期間が長く，人によりばらつきがある．主な症状は男女共，感染部のシコリ，股の付け根にあるリンパ腺が腫れて，3ヵ月後になると，バラ疹といわれる赤い斑点があちこちに表われる．

淋病は潜伏期間が3日から1週間程度で，男性の場合，尿道に感染し，感染後，2日から7日で尿道からねばねばした分泌物がみられ，排尿時に痛みを感ずる．放置すると淋菌は尿道から副睾丸にさかのぼり副睾丸炎を起こし，陰のうが腫れあがって発熱し，ずきずきする痛みを感ずる場合もある．女性の場合は，下腹部に痛みを感じ，発熱する．感染した人が出産すると新生児は産道で感染して結膜炎になる．淋菌は咽頭，直腸にも感染し，オーラルセックスでも感染する．おりものは黄緑色の膿のようで，悪臭を伴う場合もある．

クラミジアは潜伏期間が1〜3週間で，男性の場合は，尿道分泌物が知らぬ間に下着に付き，排尿痛もくすぐったい感じがする程度だが，女性の場合，症状があらわれにくく，長く保菌状態が続き感染源となるほか，卵管炎により不

妊症，子宮外妊娠の危険も高くなる．おりものの症状は，黄緑色の膿のようで，悪臭を伴う場合もある．

性器ヘルペスは潜伏期間が4日から10日で，性器に赤いブツブツや水ぶくれ，皮膚のただれができ，痛みや発熱を伴うことが多い．女性の場合，排尿時に激しい痛みを感じる．

エイズはもっともおそれられる性行為感染症だが，エイズとは後天性免疫不全症候群という英語の頭文字をつなげた病名で，生まれつきの病気ではなく，身体を病気から守る抵抗力の働きが悪くなる症状，という意味である．エイズはHIV（ヒト免疫不全ウィルス）というウィルスの感染症で，このエイズウィルスは免疫の仕組みの中心であるヘルパーTリンパ球という白血球に感染し，少しずつ身体の中で増殖し，しだいに免疫力を落としていく．そして健康体ならなんでもない弱い病原体，たとえばカビの一種であるカンジタやカリニ原虫が悪さをしても，体を守れなくなってしまう症状があらわれる．したがって，エイズは一連のエイズウィルス感染症の末期状態のことである．

エイズウィルスに感染してもすぐに症状はあらわれない．最初に感染したときには元気なリンパ球がたくさん残っているので，ひどい症状はでない．ただ頭痛，喉の痛み，リンパ節の腫れなどインフルエンザのような症状が出ることがある．この症状は2週間ぐらいで自然におさまる．しかし，エイズウィルスは時間をかけて体内で増えていく．今100人の人がエイズウィルスに感染しても，50人がエイズの状態まで進むのに，10年かかる．つまり全身の抵抗力が破壊されるにはかなりの時間がかかるので，感染していることに気が付かない人が圧倒的に多い．

エイズはひとつの病気ではなく，21の病気の状態で，たとえばカリニ肺炎なら肺炎の症状で，カポジ肉腫なら皮膚がんの一種で赤紫に盛り上がったできものができる．エイズの症状はそれぞれの病気の症状で，逆に症状からだけではエイズと呼べず，エイズウィルスに感染していて，からだの抵抗力が低下していることと合わせてエイズと診断する．

エイズウィルスの感染経路は限られている．血液，つまり感染者の血液の輸血やそれを原料にした血液製剤の注射，麻薬などの回しうちである．次に，性行為，つまり膣や肛門，口など粘膜を接する性交である．そして母児，つまり感染した母親から赤ちゃんへの３通りの経路である．

エイズが蔓延し始めた頃，アメリカでは同性愛の男性がかかったので，同性愛差別とからみエイズは差別や偏見を生んだ．日本ではアメリカから輸入した血液製剤の治療を受けた血友病患者が，エイズにかかった．今では世界の感染者の75％が異性間のセックスが原因だとわかっている．エイズウィルスは膣分泌物よりも精液に多く含まれるので，男性から女性への感染率が高い．その意味で，エイズは特殊な人の特殊な病気ではなく，誰だってかかる病気である．

性的被害

妊娠や性行為感染症にかかる若者は少ないだろうが，セクハラや性的虐待などの性的被害は増加している．

何らかの性的被害を被った人は中学生，高校生，大学生を問わず女子が多く，さまざまな性的被害をうけている．中学生は「言葉などで性的なからかいを受けた」，高校生では「身体をじろじろ見られた」，大学生では「電車の中などで身体にさわられた」がそれぞれ一番多い．女としての肉体的成熟の度合いによって，性的被害の内容もいくぶん異なる．大学生の「電車の中などで身体にさ

図表２－５　性的被害を受けた経験　　　　　　　　　　　　　　　　(％)

被害の種類	男　子			女　子		
	中学	高校	大学	中学	高校	大学
身体をじろじろ見られた	7.2	6.4	8.5	24.2	37.9	43.4
言葉などで性的なからかいを受けた	20.6	20.4	30.6	26.2	36.3	39.7
電車の中などで身体をさわられた	1.7	2.5	13.4	14.3	30.4	56.2
相手のはだかや性器などを見せられた	8.7	8.6	13.4	15.8	28.8	38.6
性的な誘惑を受けた	6.1	10.3	20.6	8.6	24.8	28.5
無理やりに性的な行為をさせられた	1.5	1.7	2.5	3.6	7.9	11.8

出所）前掲書　p.16

わられた」は痴漢行為のことだが，大人の女性になると，通勤や通学の乗り物内で頻繁に痴漢の被害を受けていることがわかる．ついで「身体をじろじろ見られた」が続く．女性の身体は性的対象とされるがそんな気持ちでみられると，女性は不快に感ずる．自分が人格をもった1人の人間でなく，一個の性的対象物とみられるのがいたたまれないのである．また男が何気なく口にしがちな性的なからかい言葉を女性は不快に感ずる．性的嫌がらせは女性の身体にさわったりするふるまいだけでなく，女性の体つきや顔形をからかうことも含んでいる．

男子も「言葉などで性的からかいを受けた」がわりと多い．これはおそらくスポーツ後のシャワーや入浴などで裸になり，その時に性器の大小をからかわれたのであろう．また「性的な誘惑を受けた」もいくぶん，みられる．女性からの誘惑だけでなく，同性愛の男性からの誘惑も含んでいるのであろう．

しかし「無理やり性的な行為をさせられた」は割合は低いが，男性と比べると，女性がはるかに多い．他の調査でも，「彼に強く求められたから」とか「拒むと離れていくのではないか」という理由で望まないセックスをする女性がいる．その結果，望まない妊娠をしたり，性行為感染症にもかかったりするから，女性は自分の心と身体を守るために，はっきりノーといわなければならない．

✚✚ 理想的なセックス

性という字は，りっしん偏に生きると書く．それが示すように，性は生きることと分かちがたく結ばれている．人は生きている限り男か女の心と身体をもち，異性の心と身体を求める．性はからだのふれあいによって男と女が心を通わせる．その結果，妊娠し子どもが産まれることもある．性は快楽であり，連帯であり，生殖なのである．

しかし性はプラスの面だけでなく，マイナスの面ももつ．性は他者を自分の意のままに操る手段ともなる．性は利益を生む手段ともなる．性は相手を一時

的に占有することである．

　また性行為はふつう裸の無防備な状態で行われる．相手から危害を加えられるとケガや場合によっては命を落とす．そうならないためには，相手を信頼していなければならない．相手を信頼していればこそ性の悦びが味わえる．

　性交とは，性的に自立した個人と個人の関係である．どちらも性交を強制されるのではなく，自発的に性交を行なう．性交は心と身体が相手と融合することである．ふだんの殻で覆われた自我が融解し自己と他者の境界があいまいになり，エクスタシーに酔いしれる．性交は自己解体と自己解放の究極である．

　性行為は，人生の方向性を共有している２人の行為である．配偶者であれ，恋人であれ一緒に人生を歩んでいる男と女が営む崇高な行為である．お互いに楽しめることである．どちらかが苦痛を感じてはいけない．２人とも快感を感ずることである．幸せを味わうことができる充実感に結びつくことである．心も身体も相手と一体になり，幸福感に満たされることである．

　要するに，理想的なセックスとは第１に同意の上での行為である．あらかじめお互いが自由な立場で同意していなければ，セックスしても相手の心に触れることはできない．どちらかが嫌がったり，乗り気でないのに無理強いすることは強姦とかわらない．第２に一方通行ではいけない．セックスは誰かに対し，一方的に行うものではない．「する」とか，「される」とかではなく，「共にいる」こと，「共に感ずる」ことである．第３に相手に敬意を払うことである．愛しているかどうかよりも，まず相手を尊敬することが重要である．相手の身体が独立した完全な身体であることに敬意を払わなくてはいけない．互いに一個の独立した人格として接し，部分やモノ，商品としてみないことである．

　一言でいえば，独身者はとくに避妊と性行為感染症予防をしっかり行い，パートナーとの良好な関係を作る．誠実で責任のあるセイフセックスが理想的なセックスである．

〔参考文献〕

佐橋憲次『人間の性と教育』あゆみ出版，1984年
斉藤純一編『親密圏のポリティクス』ナカニシヤ出版，2003年
村瀬幸治『性と性教育のゆくえ』大月書店，1998年
池谷寿夫『セクシュアリティと性教育』青木書店，2003年
原田瑠美子『学んでみよう！セクシュアルライツ』十月舎，2000年
ストルテンバーグ，J.（鈴木淑美訳）『男であることを拒否する』勁草書房，2002年
日本性教育協会編『「若者の性」』白書』小学館，2001年
NHK「日本人の性」プロジェクト編『日本人の性行動・性意識』NHK出版，2002年
他にSafe Sex Japanのホームページを参照した．

第3章
家族の中の若者

† キーターム †

定位家族　　核家族が含む親と子の2つの世代のうち子の世代からみた家族．子どもが養育され社会的に位置づけられる家族をいう．どの定位家族に属するかは，子どもにとっては選択の余地のない運命的なものである．一方，親の世代からみた家族は，自分が結婚により形成する家族であり，生殖家族という．

若者宿（若衆宿）　　若者の寝泊りや集会所となる建物．村や集落を単位として組織される青年男子の集団である若者組の男子が，宿親や若者組の古参者である宿頭の指導を受け，共同生活をしながら，自警・消防の出役奉仕や生業活動における技術の習得など一人前の成員となるための学習訓練をする場所である．

ケータイあるから「プチ家出」

　蒸し暑い夜，若者たちが集まる渋谷のセンター街で少女二人が声をかけてきた．……二人は「家出仲間」なのだという．美幸さん(16)は北関東，りさ子さん(17)は静岡県の高校2年生だ．春休みに家出中，渋谷で知り合い，今回は連絡を取り合って上京した．先輩や友だちのツテをたどって泊まり歩いている．二人とも親には言わず，書置きだけを残して出て来た．

　美幸さんは「2，3ヶ月に1回は家をあけてるけど，いつもちゃんと帰るから『あ，お帰り』ですむ」と話す．りさ子さんは「1週間ぐらい前，ケータイに電話あったから『ちゃんと生きてるよ』って言っといた」と笑う．

　持って来たお金はすぐ底をついた．二人で男性に声をかけて，食事をおごってもらったり，カラオケに行ってお金をもらったりしている．

　そんな暮らしをしていて，楽しいの？

　「うん．だって学校つまんないし，友だちもいないもん．今は別の世界にいるみたいでチョー楽しいよ」と，美幸さんは話す．りさ子さんも「家にいても服装がどうとか親がうるさい．いない方がけんかにならなくてお互い気が楽」と，投げやりな感じにも見える笑顔でうなずいた．

　こうした気軽な「家出」を，彼女たちは本格的な家出には至らない，家出ごっこのような意味を込めて「プチ家出」と呼んでいる．そこには家出という言葉に伴う悲壮感はない．「小学生が遠足に行くような感じかな」．二人はそう表現した．

出所）『朝日新聞』1999年9月7日朝刊から

第3章　家族の中の若者

✤✤ 親子関係の現在

　現代日本における人口構造の急激な変化は，家族生活に大きな影響を及ぼしている．とくに，平均寿命の急速な伸びは「人生80年時代」をもたらし，親子関係を50年以上も継続させる状況を生みだしている．長期化した親子関係は，これまでに誰も経験したことがなかった新しい現象である．これに対して，家族に関する研究は，親子関係を幼い子どもたちと若い母親との関係か，老親と彼らの成人子との関係という局面で取り上げることが多く，青年期の親子関係を扱う研究は少なかった（正岡寛司「ライフコースにおける親子関係の発達的変化」森岡清美監修『家族社会学の展開』培風館，1993年，pp. 65-79）．これまでの家族生活に関する多くの研究の中には「若者が見当たらなかった」のである（G. ジョーンズ・C. ウォーレス，宮本みち子監訳『若者はなぜ大人になれないのか』新評論，1996年，p. 36）．

　なぜ青年期の親子関係が関心をもたれなかったかというと，かつての青年期はライフコース上短く，個人として学校，仲間集団，労働市場や余暇との関連が強く，相対的に家族のウエイトを小さくしている時期とされていたからである．しかし，高学歴化や晩婚化・非婚化によりライフコースが曖昧になり，青年期が長期化するとともにそれに続くポスト青年期とよばれる時期が出現するようになった．

　ポスト青年期の親子をめぐる研究は，宮本みち子等により精力的に進められ，学卒後も親と同居し基礎的生活条件を親に依存している未婚者は「パラサイト・シングル」と名づけられ注目をあびている．現代家族の新しい局面でもあるポスト青年期の親子関係の研究は現代社会で「大人になる」とはどういうことかという問いにも答えようとするものである（宮本みち子他『未婚化社会の親子関係』有斐閣，1997年）．

　こうしてこれまで空白であった若者の親子関係は新しい研究課題として登場してきた．そこで，本章では，若者のなかでも比較的若い年齢層の高校生を中心に，若者のライフコースおよび家族の変化を指摘するとともに，家族の中の

若者がどのような親子関係を築き，どのような親子関係を理想としているのかを明らかにしたい．

✲✲ 若者のライフコース

現代の若者のライフコースに生じている特徴のひとつは，定位家族との結びつきの長期化である．

若者が青年期を通過し大人になる過程は，学校卒業，就職，経済的自立，親の家を離れること，結婚，親となることなどの出来事を経過していくものとされている．こうした出来事の順序，間隔，そして経験の有無は，時代によって異なる．わが国での移行のパターンの成立は戦後生まれのベビーブーマー以後のことであり，それが定着したのはそれから10年後のことであるという（宮本みち子他『未婚化社会の親子関係』有斐閣，1997年，p.20）．

現代日本においても，若者の成人期への移行パターンは維持されている．しかし，その出来事は遅くなっている．それは，高学歴化と晩婚・非婚化という2つの大きな変化が起こっているからである．

まず，高学歴化である．

わが国の高等教育への進学率は，高度経済成長とともに高くなった．戦後間もない1950年の高校進学率は42.5％であったが，1960年には57.7％となり，5割を超えた．1974年には90.8％と9割を超え，以後，高校進学率は9割という高水準を保っている．また，高校進学率が9割を超えた1974年の大学進学率は25.1％となり，4人に1人が大学に進学するようになった．その後も大学・短期大学への進学率は急速に上昇し，1993年には40.9％と4割を超し，10年後の2003年は49.0％とほぼ半数が大学・短大に進学している．さらに，大学院への進学は2003年には11.0％となっている（文部科学省『学校基本調査』）．つまり，現代の若者たちはほとんどが高校まで進学し，さらに半数は大学まで進学するので，ますます学校を終了する時期が遅くなってきている．

もうひとつは，晩婚化・非婚化という結婚，家族形成における変化である．

第3章　家族の中の若者

　まずは，結婚年齢の上昇があげられる．初婚年齢は，1960年は夫27.2歳，妻24.4歳であったが，1980年は夫27.8歳，妻25.2歳，2000年は夫28.8歳，妻27.0歳となっている．この40年間で夫は1.6歳，妻は2.6歳遅くなっている（厚生労働省『人口動態統計』）．初婚年齢が高くなるだけでなく，結婚しない人も増えている．

　ついで，未婚率の上昇をみよう．30代前半の未婚率をみると，男性は1960年9.9％であったが，1980年21.5％，2000年42.9％となっている．一方，女性は1960年9.4％であったが，1980年9.1％，2000年26.6％となっている（総務省『国勢調査報告』）．30代前半の未婚者の比率は，1960年には男女とも1割を切っていたが，2000年には男子で4割，女子で3割弱となっており，近年の未婚化は顕著である．国立社会保障・人口問題研究所の算出によれば，2000年の生涯未婚率は男性12.57％，女性5.82％であるという．わが国の生涯未婚率は1960年までは1％台であったため，日本は「皆婚」社会といわれたが，近年の日本の結婚状況には異変が起きている．

　成人期への移行の出来事である学校卒業と結婚が遅くなるとともに，最近では若者の就業行動にも変化がみられる．若者の離職・転職の増加とともに，新たな就労上の変化がある．2001年の日本労働研究機構「都内若者調査」では，学校卒業後，新規学卒者として正社員で就職したものは65％であった（小杉礼子編『自由の代償／フリーター』労働政策研究・研修機構，2002年，pp. 37-54）．定職につかずフリーターをしたり，さらに進学も就職もしていない「ニート」とよばれる若者の増加など，若者の職業的自立の遅れも指摘されている．

　若者が成人期へ移行する過程のなかで，親の家から離れること（離家）は，独立のために重要なことである．しかし，現代日本では20代の若者が親と同居することは一般的である．若者の親との同居割合は，1999年の男性では10代で81.3％，20代前半で77.7％，20代後半で58.3％，30代前半39.0％，女性では10代87.0％，20代前半78.3％，20代後半51.3％，30代前半22.9％となり，20代後半までは男女とも半数以上が同居している．つまり，若者の離家パタ

39

ーンは，10代1〜2割，20代前半2〜3割，20代後半4〜5割ということになる．日本の若者の多くは20代までは家族のなかにいるのである．離家経験者についての調査では，最初の離家時の平均年齢は20〜22歳である．高度経済成長が終わる1960年代後半から1970年代前半が転機となり，それ以降は親元にとどまる傾向が増えている（国立社会保障・人口問題研究所『現代日本の世帯変動』2001年）．

　成人期への移行の出来事である学校卒業，結婚そして就職が遅くなるとともに，若者たちが定位家族にとどまる期間は長期化している．現代日本では，20代の子を持つ親はまだ，子育て期にあるということである．

✢✢ 定位家族の変化

　戦後日本の家族は，大きく変化してきた．ここでは，若者たちがどのような定位家族の中で育ち上がっているのかをみておきたい．

　総務省『国勢調査報告』では2000年の18歳未満の子ども人口は2291.9万人である．世帯の家族類型別の子ども人口は，1975年では67.4％が核家族世帯であったが，その比率をますます高め，2000年では72.9％が核家族世帯に育つ．近年特に増加がいちじるしいのは母子世帯に育つ子どもの数で，この25年間にその比率は2.9％から6.1％へと2倍になっている．

　ついで，厚生労働省『国民生活基礎調査』で1975年から2002年までの子どものいる世帯の平均子ども数の変化をみよう．この間平均子ども数は1.81人から1.74人に0.07人減少している．子どものいる世帯の子ども数は，1975年から2002年まで一貫して2人がもっとも多く，子どものいる世帯の6割にきょうだいがいる．しかし，ひとりっ子世帯は年々増加し，2002年では42.4％を占める．子どもたちは明らかに年々きょうだいの少ない環境のなかで育っており，ひとりっ子も増加している．

　さらに，『国民生活基礎調査』を用いて世帯構造や両親の就業などについて詳しくみておきたい．ただし，資料の制約から1990年と2002年の約10年間の

第3章　家族の中の若者

変化に限ってみる．

　子どものいる世帯の世帯構造をみると，1990年から2002年にかけて，「核家族世帯」は68.8％から72.4％へ増加し，「三世代世帯」は28.4％から24.8％へと減少している．子どもたちが育つ世帯はますます核家族化し，祖父母と同居し多様な世代を経験する子どもが少なくなっている．核家族世帯の中をみると，「夫婦と未婚の子のみの世帯」は65.3％から67.0％へと増加し，「ひとり親と未婚の子のみの世帯」は3.5％から5.4％へ増加している．子どもたちのいる世帯ではひとり親の世帯の増加が顕著である．

　子どものいる世帯の世帯主は40代前半が中心で，世帯業態は，雇用者世帯が1990年70.6％に対して2002年は79.1％となる．親が雇われて働く傾向はさらに強くなり，子どもたちには親の仕事がみえにくい．また，父母の就業状況をみると，「父のみ仕事あり」が48.5％から43.8％に減少し，「父母ともに仕事あり」は44.0％から44.6％とわずかに増加し，共働き世帯が第1位を占めるようになった．2002年の共働き世帯の比率をみると，末子が「3歳未満」では26.0％であるが，末子の年齢が高くなるにつれて高くなり，「15～17歳」では56.1％にも及ぶ．

　若者が育つ定位家族は，核家族世帯化し，きょうだい数も少なく，雇用世帯化・共働き世帯化してきている．

✣✣ 高校生と家族――家族からの離脱

　現代日本の家族は，個人化が進み家族の集団性がゆらいでいるといわれる．個人化とは，「家族の集団生活の内外に個人の活動領域が形成され，そこでの活動が家族役割の遂行に必要な程度を超えて拡大し，自己実現が求められる傾向」をいう（森岡清美『現代家族変動論』ミネルヴァ書房，1993年，p.193）．高校生の場合はどうか．彼らの家族意識と家族行動に着目してみよう．

　家族意識については，NHK『中学生・高校生の生活と意識調査』が高校生に今，どんなことに関心をもっているかという問いで聞いている．「家族，家の

こと」への彼らの関心は12.7％で，16あげられた項目のなかで14位である．第1位は「友だちづきあい」66.9％であるから，高校生の関心は家族より友だちに向いていることがわかる．また，生活に欠かせないと思うものについての質問でも，「家族と話をする」は50.5％であるのに対して，「友人，知人と話をする」は81.2％となっており，家族は友人に比べるとはるかに必要度が低い．

さらに，悩み事や心配事の相談についてみると，相談相手は友だち（66.8％）がもっとも多く，ついでお母さん（17.1％）となる．家族のなかでは，お父さん（2.2％）は，お母さんよりはるかに少なく，またきょうだい（5.1％）よりも少ない．

このように高校生の関心は家族に向いているとはいいがたい．しかし，「家にいると楽しいことが多いですか」という質問に，高校生の7割（66.6％）は「家にいると楽しいことが多い」と答えている．多くの高校生にとって家庭は居心地がよい．

つぎに，家族行動についてみよう．

一日の対面での会話時間は，友人221分，母親162分，父親84分である．友人との会話時間がもっとも長く，父親との会話時間がもっとも短い．父親と母親の会話時間を合計すれば，友人よりも20分ほど長くなる（辻　大介「若者の友人・親子関係とコミュニケーションに関する調査研究」『関西大学社会学部紀要』34巻3号，2003年）．

家族の共同行動の代表である食事に関する調査（青森県環境生活部『青少年の意識に関する調査』2001年）で，まず，食事の回数をみよう．平日の家族との食事は，「夕食だけ家族全員で食べる」（25.1％），「朝食も夕食も家族全員で食べる」（24.7％），「夕食だけ家族の誰かと食べる」（18.5％）の順になっている．1日に少なくとも1回は家族全員で食事をしている高校生は半数となる．しかし，平日に「家族で食べることはない」と11.5％が答えており，同じ調査の中学生の比率（6.8％）より高い．

また，休日の食事についても，「1食は一緒に食べる」(40.9%)がもっとも多く，ついで「2食は一緒に食べる」(27.4%)となっている．これに「ほとんど，3食一緒に食べる」(13.4%)を加えると，休日に1回以上家族一緒に食事をする比率は8割となり，多くの高校生は休日に少なくとも1回は家族一緒に食事をしている．しかし，「(1食も)一緒に食べない」は13.2%となっており，1割の高校生は家族と休日に1回も食事を共にしていない．中学生のその比率は8.9%であるから，高校生の「一緒に食べない」者の比率は高い．

　家族との食事は回数が減るだけでなく，実は中身も変化している．インターネット調査会社によると，中学・高校生の76%が携帯電話を手の届くところに置いて食事をし，家族との食事中に44%が着信メールを読み，33%が送信・返信をするという．子どもは「右手にはし，左手でメール」をしながら食事をする．一家団欒の象徴とされた食事も様変わりをしている(『朝日新聞』2004年4月1日朝刊)．

　さらに，家族と一緒に過ごす家族時間についてみよう．

　平日に家族と過ごす時間は，「2時間くらい」(21.3%)がもっとも多く，ついで「4時間以上」(20.9%)，「3時間くらい」(20.7%)となっている．6割は平日に「2時間以上」家族と一緒に過ごしている．一方，平日に家族と過ごす時間がないと答えた高校生は5.1%となっている．同じ調査の中学生の回答は3.0%であるから，高校生になると家族一緒の時間が少なくなることがわかる．

　また，1ヵ月のうちに家族と休日を過ごす回数を聞いた問いには，「2回」(22.6%)がもっとも多く，ついで「1回」と「過ごさない」がそれぞれ17.8%となる．月2回以上家族と休日を過ごしている高校生は合計すると6割になる．しかし，1ヵ月に1回も家族と一緒に休日を過ごさない高校生は17.8%あり，これも中学生(8.7%)に比べて，一段と別行動をとる傾向にある．

　高校生が家族と休日を一緒に過ごせないときの理由は，「友だちと遊ぶため」(57.9%)がもっとも多く，ついで「家族が仕事のため」(34.8%)，「家族に用事があるため」(28.3%)，「部活動，塾，けいこごとがあるから」(25.2%)となる．

家族が休日を一緒に過ごせない理由は，高校生自身だけでなく家族の側にもある．

　高校生たちは家族意識の面では家族との距離をとり，家族行動の面では中学生に比べて一段と個人化の傾向にある．

✣✣ 高校生から見た親

　高校生たちの親はどんな親か．先のNHK調査（図表3－1）で高校生から見た親像をみよう．

　父親については，「やさしくあたたかい」(71.1%)がもっとも多く，ついで「よくわかってくれる」(59.6%)，「いろいろなことを話す」(51.5%)，「きびしい」(18.3%)，「勉強や成績について，うるさく言う」(18.0%)と答えている．母親についても，「やさしくあたたかい」(81.2%)がもっとも多く，ついで「いろいろなことを話す」(80.1%)，「よくわかってくれる」(76.5%)，「勉強や成績について，うるさく言う」(39.5%)，「きびしい」(31.9%)となっている．父親よりもやさしく，きびしく，よく話す母親像が浮ぶ．また，母親はどの項目をとっても比率が父親よりも高く，子どもとの関係が深いことがわかる．

　一方，親の方では，父親は自分自身を「やさしくあたたかい」親，また，母親は「いろいろなことを話す」親であると思っている．高校生の親についての

図表3－1　どういう親か

	父親について		母親について	
	高校生	父　親	高校生	母　親
やさしくあたたかい	71.1%	68.2%	81.2%	64.6%
よくわかってくれる	59.6%	32.4%	76.5%	51.4%
いろいろなことを話す	51.5%	51.0%	80.1%	79.3%
勉強や成績について，うるさく言う	18.0%	16.6%	39.5%	29.4%
きびしい	18.3%	25.3%	31.9%	29.1%

出所）NHK放送文化研究所編『中学生・高校生の生活と意識調査』
　　　日本放送出版協会，2003年，付　pp.11-13, p.48より筆者作成

評価と親自身とでもっとも差が大きいのは「よくわかってくれる」と「よくわかっている」の比率である．「子どものことをよくわかっている」と思う親は子どもが「よくわかってくれる」と思っている比率よりもかなり少なく，親は子どものことがよくわからず不安に思っている．

また，5項目のうちほとんどの項目で親よりも高校生の比率が高くなっているが，唯一低いのが「きびしい」という項目である．父親は自分を「きびしい」と思っているが子どもはそうは思っていない．

さらに，「子どもから信頼されていると思うか」という問いに対しては，「かなり」と「ある程度」を加えた「信頼されている」と答えた親の比率は8割を超えており，多くは信頼されていると答えている．しかし，「かなり信頼されている」と答えた親は，20年前の比率と比べると父親（26.2％から11.0％へ）も母親（20.9％から11.3％へ）も少なくなっており，20年前の親より自信がなくなっている．きびしい親が減少し，自信を失った親像が浮ぶ．

親子の対立

NHK調査は，1982年以降の4回の調査結果をふまえ，この20年間に親子の間で対立がなくなったと指摘している（NHK『中学生・高校生の生活と意識調査』2003年，pp.86-101）．

「ふだん生活の中で子どもと意見が合わないこと」を親に聞いた質問では，20年前と比べて，10項目のうち多くの項目で合わないという比率が減少している．もっとも減少しているのは，「テレビ番組の選び方」である．父親の場合は37.4％から18.7％へ減少している．これは個室にテレビが置かれるようになった個電化がもたらした変化といえよう．そのほかには，「ことばづかい」や「髪型」についても意見が合わないという親が大きく減っている．

また，家庭での問題行動として，父親が多くあげているのは「何を言っても黙っている」（16.1％から11.1％へ），「大声をあげたり，わめいたりする」（15.2％から8.5％へ），「自分の部屋から出てこない」（13.4％から7.7％へ）であり，問題行

動は皆無になっているわけではないが，すべての項目で比率は20年前に比べて減少している．

さらに，高校生の家庭内での暴力についてみよう．高校生が「なぐったことがある」という比率は，「お父さん」は2.6％から1.6％に，「お母さん」は3.0％から2.4％に減少している．また，「なぐりたいと思ったことがある」という比率も，「お父さん」が11.5％から8.0％へ，「お母さん」が6.3％から5.1％へと減少している．一方，親が子どもに対して手をあげることも少なくなっている．「なぐられたことがあるか」という質問には，「お父さん」からなぐられたことがあるは47.1％から25.5％へ，「お母さん」からは28.4％から19.2％へ，どちらも減少している．

このように親子の対立が減少しているが，その背景には親の意識の変化が指摘されている．

生活目標を聞いた問いをみよう．4つの生活目標のうち「その日その日を，自由に楽しく過ごす」と「身近な人たちと，なごやかな毎日を送る」を「現在中心」の考え方とし，「しっかりと計画をたてて，豊かな生活を築く」と「みんなと力を合わせて，世の中をよくする」を「未来中心」の考え方であるとして，20年間の変化をみている．高校生は一貫して「現在中心」の考え方で7割台を占めている．一方，親たちは「未来中心」の考え方が減少し，父親（42.2％から52.8％へ）も母親（50.0％から63.9％へ）もともに「現在中心」の考え方をする人が増加している．その結果，高校生と親との意識の差が小さくなってきている．親の意識が子に接近した結果，親子の意識が近づいてきているというのである．

以上のNHK調査の結果が示すように，親子の対立は明白ではなくなってきている．かつて，1980年におきた金属バット事件が「重すぎる愛」を払いのけるための親殺しとされ，濃密な人間関係の弊害が指摘されたが，近年それとは逆の希薄な親子関係の問題も生じている（落合恵美子『21世紀家族へ（第3版）』有斐閣，2004年，p. xii）．

たとえば，家出をとりあげてみよう．2003年に警察が発見・保護した家出少年は2万2615人であった．家出少年の4割は中学生，3割弱が高校生である．性別では，女子が約6割を占める（警察庁生活安全局少年課『平成15年中における少年の補導及び保護の概況』）．

こうした家出のなかには「プチ家出」とよばれる現象が含まれている．「プチ家出」とは数日から1週間ほどの短い間，親に無断で友人の家やゲームセンターなどの娯楽施設や路上を泊まり歩くことをいう．親と縁を切るための家出とは異なり，短期間で家に戻るつもりがある．家出というよりは無断外泊である．親との関係は保ちつつ，その拘束から逃れるための方便である．

しかも，親からは捜索願がでていないことが多い．神奈川県警が「家出発見保護活動月間」にまとめた家出状況では，2000年4月に保護された未成年のうち親などから捜索願が出されていたのは47.6％であった．子どもの行動に無関心な親が少なくない（『朝日新聞』2000年5月23日朝刊）．無断外泊をしても短期間なら家出とは考えない親子双方の意識の変化がある．そもそも携帯電話があれば，家にいても心は家庭の外にあるから「家出」という意識がないのかも知れない（コラム参照）．

「プチ家出」は通過儀礼，家出先は「新若衆宿」とみることもできよう（宮台真司『まほろしの郊外』朝日文庫，2000年，pp.286-288）．だが，「プチ家出」という現象は，かつての対立や切断を伴う親子関係から希薄な親子関係への移行を象徴しているのではないだろうか．

✤✤ 理想の親子関係——友達親子？

最後に，理想の親子関係をみておこう．

まず，どういう親でありたいか，中高生をもつ親の理想をみよう（図表3-2）．理想の親として，「何でも話し合える友だちのような親」か「子どもに尊敬されるような権威ある親」のどちらがよいかという質問では，「友だちのような親」を父親の59.8％，母親の82.8％が支持している．とくに母親の比率

図表3−2　どういう親でありたいか

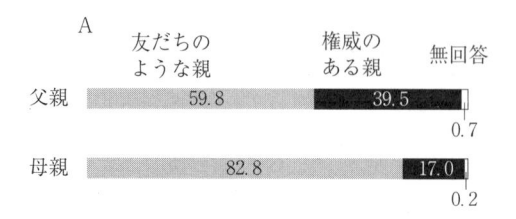

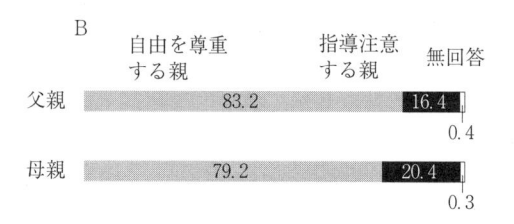

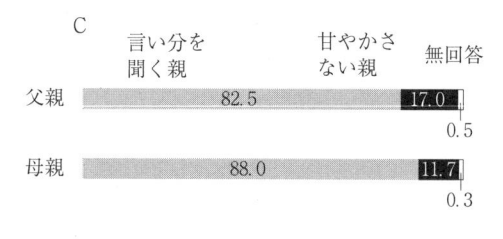

A　友だちのような親 / 権威のある親 / 無回答
- 父親：59.8 / 39.5 / 0.7
- 母親：82.8 / 17.0 / 0.2

B　自由を尊重する親 / 指導注意する親 / 無回答
- 父親：83.2 / 16.4 / 0.4
- 母親：79.2 / 20.4 / 0.3

C　言い分を聞く親 / 甘やかさない親 / 無回答
- 父親：82.5 / 17.0 / 0.5
- 母親：88.0 / 11.7 / 0.3

出所）図表3−1に同じ．
付pp.50-51より筆者作成

が高い．また，「できるだけ子どもの自由を尊重する親」と「できるかぎり指導や注意をおこたらない親」では，「自由を尊重する親」に父親83.2％，母親79.2％の支持がある．さらに，「子どもの言い分を聞いてやる親」と「子どもを甘やかさない，きびしい親」では，「言い分を聞く親」に父親の82.5％，母親の88.0％が賛同している．

「理想の親」についての回答から，父親も母親も子どもを注意したりきびしくしつけたりするよりも，子どもと対話をし，子どもの自主性を尊重することを理想と考えていることがわかる．ただし，「友だちのような親」をめぐる意見では父親と母親はまったく同じではない．父親は母親とは異なり，「友だちのような親」を6割が支持する一方で，「権威ある親」を理想とする回答も4割（39.5％）とかなり高い．ここに着目してみたい．

親子関係の理想にあげられる「友達親子」であるが，その起源は団塊の世代（1947から49年生まれ）にルーツがあるとされている．1970年代なかば，団塊世代の家族は「ニューファミリー」とよばれた．夫と妻の年齢は接近し，恋愛結

婚が多くなり，夫婦は学校や職場での友だちという関係をへて結婚することが多く，平等で友だち的な夫婦が生まれたとされた．ニューファミリーは，夫は仕事・妻は家庭という性別役割分業を変えるという視点はなかったが，夫婦も親子も対等で，愛によって結ばれる家族を志向した(落合恵美子『21世紀家族へ (第3版)』有斐閣，2004年, pp.142-156). 夫と妻，そして親と子が「友だち」であるような家族のあり方が，その後の家族に引き継がれ，親と子の「友だち」化も一層進んでいる(ベネッセ教育研究所『季刊子ども学 Vol.14 特集 友達親子』，1977年).

ところで，子どもは「友達親子」についてどのように考えているのであろうか.

社会に出たばかりの男の子に対してどのような父親が望ましいかを聞いた調査がある(NHK放送文化研究所『現代日本人の意識構造』(第5版)日本放送出版協会, 2000年, pp.59-62).

「みずから模範を示し，見習わせる」〈模範〉，「より多く人生の経験を積んだ者として，忠告や助言を与える」〈忠告〉，「ひとりの同じ人間として，親しい仲間のようにつきあう」〈仲間〉，「子どもを信頼して，干渉しない」〈不干渉〉の4つの父親像のうち，高校生では，〈忠告〉と〈仲間〉のそれぞれ32％がもっとも多く，この2つを理想の父親としている．年齢が上の短大・大学生では〈忠告〉が50％ともっとも多くなる．高校生では，まだ友だち感覚でいろいろ教えてくれる父親を望む者もいるが，大学生では父親に社会人としてのアドバイスを求めている．

高校生に自分の両親を「親というより友だちのような存在だ」と思うかを聞いた調査をみると，高校生の肯定の回答は母親については26.4％, 父親については12.9％という結果となっている．女性は母親と友だち感覚で接する傾向が強いが，全体としては親を友だちのような存在と思う高校生は多くはない．特に，父親を友だちと思う高校生は少ない(辻 大介「若者の友人・親子関係とコミュニケーションに関する調査研究」『関西大学社会学部紀要』34巻3号, 2003年).

成人期への移行に関するさまざまな出来事について若者は，父親に人生の先輩として適切な援助を期待している．しかし，それに応えるには「友だちのような親」では充分ではない．そう考える父親たちが「権威のある親」を志向しているのではないか．ここに父親であることの困難が示されている．

―――――〔参考文献〕―――――

NHK放送文化研究所編『中学生・高校生の生活と意識調査』日本放送出版協会，2003年

落合恵美子『21世紀家族へ（第3版）』有斐閣，2004年

小杉礼子「学校から職業への移行の現状と問題」小杉礼子編『自由の代償／フリーター』労働政策研究・研修機構，2002年

ジョーンズ，G., ウォーレス, C.（宮本みち子監訳　徳本　登訳）『若者はなぜ大人になれないのか』新評論，1996年

辻　大介「若者の友人・親子関係とコミュニケーションに関する調査研究」『関西大学社会学部紀要』34巻3号，2003年

正岡寛司「ライフコースにおける親子関係の発達的変化」森岡清美監修『家族社会学の展開』培風館，1993年

宮台真司『まぼろしの郊外』朝日文庫，2000年

宮本みち子・岩上真珠・山田昌弘『未婚化社会の親子関係』有斐閣，1997年

森岡清美『現代家族変動論』ミネルヴァ書房，1993年

第4章

メディア

† キーターム †

メディア効果理論　不特定多数(mass)に向けて大量で画一的なメッセージを伝達する新聞，雑誌，テレビなどのマスメディアの受け手に対する影響に関する考え方．ラジオ時代には，強力な効果ととらえ「弾丸理論」が唱えられた．その後，メディアの影響はさほど大きくないとする「限定効果モデル」も登場したが，テレビが登場し，新たな強力効果説が影響力をもった．メディアは受け手の「争点」を決定するという「議題設定機能モデル」や，テレビは暴力的な傾向など受け手に長期的にわたる効果を培養するという「培養理論」などが知られる．

オーディエンス　新聞の読者，テレビの視聴者などマス・コミュニケーション過程の消費者を総称して指す語．「受け手」ともいう．メディアを含めたあらゆる文化的生産を対象としその象徴的権力性を新たにテーマ化したカルチュラル・スタディーズが登場して以来，オーディエンスは単にメディアを受容するだけの受動的なものとみなすのではなく，日常的な生活との連続性や能動的な活動などに注目するようになり，研究視座や方法論が大きく変化している．

メディア・リテラシー　メディアを主体的に使いこなす力．メディアとその情報を相対化して分析，評価し，また自らがメディアを使い，コミュニケーションする力を高めること．リテラシーは識字能力，活用法を指す．従来は，マスメディア内容の批判的解読とオールターナティブなメディア活用が関心の対象であった．しかし，デジタルメディア社会になり，ウエッブログ，インターネット放送局など多様なデジタルメディア活用に大きな期待が寄せられている．

若者のメディア・リテラシー

　高校生,ショッピングセンター,離婚届.この三つをつなぐのは何だろうか.
　福井県武生市で開催された「メディア・リテラシー講座――ジェンダーの視点で地元企業のCMづくりにチャレンジ」に参加した地元高校放送部員の高校生たちがショッピング・センター会社のCMを制作した.突然,「離婚届」をたたきつけるシーンからCMはスタートした.次に画面はショッピングセンター内に変わり,楽しそうな家族連れが映る.音楽も明るく弾み,ナレーションは「武生のお父さん,(離婚届けということにならないうちに)みんなでショッピングセンターに行こう」と語る.意表をつく構想とジェンダー視点の明確さでこのCMは上映会において見事グランプリを獲得した.
　絵コンテづくりの段階でショッピングセンターに来てくれない「お父さん」に焦点をあてることから「離婚届」のアイディアが生まれた.上記の講座では,地元ケーブルテレビ局や映像クリエーターなどプロの協力を得て,スポンサー企業との打ち合わせ,絵コンテ描き,撮影,編集といったCM制作のノウハウを1ケ月で学びCMを完成させた.作品は地元CATVで実際に放映された.
　生まれた時からTVやビデオ,ウォークマンなどに囲まれて育った若者は情報機器の使いこなしも早い.映像や音楽表現も巧みだ.豊かな発想に確かなメディア・リテラシーが加われば,若者はICT (Information & Communication Technology) 時代のグローバルな市民社会づくりにおいて強力な推進役を果たすに違いない.

第4章　メディア

✦✦ メディアの効果とは

　メディアと聞いてあなたは何を思い浮かべるだろうか．テレビ，ラジオ，週刊誌を思い浮かべる人，マンガや映画の映像が頭をよぎる人，パソコン，携帯電話，インターネットなどのデジタル情報機器を即座にイメージする人．21世紀に生きる私たちのメディア・イメージは千差万別ではなかろうか．

　「メディア（媒体）」とは，広い意味で情報やメッセージを伝達する装置や伝達する手段，および伝達する人やその内容を指す用語である．かつては，新聞，雑誌，テレビ，ラジオ，映画など不特定多数を対象に情報が伝達される媒体を「マス・メディア」，電話や手紙など特定の個人に向けた情報のやりとりを「パーソナル・メディア」と区分し，研究も分かれていた．

　しかしながら，20世紀末よりウォークマン，ノートパソコン，携帯電話などデジタルかつモバイル（移動可能）な情報機器が登場した．ウォークマンの登場は，公的空間と私的（パーソナル）空間の境界を揺るがせた．電子メール，電子掲示板，メーリングリスト，メールマガジン（通称メルマガ），ウェブページなどインターネットによるコミュニケーションも普及した．その結果，個人対個人の情報伝達と不特定多数とのやりとりが同時に可能となった．「マスメディア」対「パーソナル・メディア」という区分が消失したのである．

　このようなメディア機器の発展は，メディア理論をも次つぎと塗り変えていった．メディア理論は，私たちとメディアのかかわりに関する見取り図である．したがって，現実のメディア状況や，私たちを取り巻く政治状況，社会の価値観などの社会が変化するにつれて，メディア理論も変化していくのである．

　最初に，メディア理論の展開について概観しておこう[1]．

　マス・コミュニケーション研究が産声を上げたのは，新聞の大衆化やラジオの急速な普及など新たなメディアの登場を迎えていた1920年代のことであった．その後第二次世界大戦へと向かい，戦争プロパガンダや，宣伝，世論調査などの研究に関心が集まった．1938年10月に米国でオーソン・ウエルズがSFラジオドラマ「宇宙戦争」を放送した際，多くのアメリカ人はドラマを「火星

人が地球に侵入した」臨時ニュースと信じ込んでパニックを起こした．それを機に社会心理学者がデマの研究を手がけた（『火星からの侵入』[2]）．デマ，パニックの研究，および戦争プロパガンダ研究などにおいて，人びとは新しいメディアに大きな影響をうけていたことが示された．そして，受け手に直接，強力な効果をもたらすという「弾丸理論」が有力になっていく．この名称は，当時の人びとがメディアから受けた衝撃の大きさを表している．マス・コミュニケーション勃興時の研究は，新聞やラジオなどの送り手がどのようなメッセージを送れば受け手（大衆）を説得できるのか，メディアの効果を最大にするにはどのような方法が有効か，というように大衆を統制する眼差しが強かった．オーディエンスは，メディアに操作される受け身の存在ととらえられていた．

テレビの誕生とメディア文化研究

第二次大戦後のメディア研究は，人をいかに説得するか，という大衆説得論を引き継ぎ，民主主義社会において世論の形成はどのようにしてなされるのか，という研究を発展させた（たとえば，『ピープルズ・チョイス』[3]）．ただし，メディアの影響力は，必ずしも送り手の意図通りの効果をもたらすのではないという「限定効果モデル」であった．

1960年代になると，先進諸国にテレビが普及したため，ラジオ全盛頃の「限定効果モデル」への疑問が生まれてくる．特に，一斉に同じニュースを報じるマスメディアは，「今何が問題なのか」を議題として示すことにより政治的な状況認識に少なからぬ効果をもつ．たとえば，選挙報道において，争点を絞って報道されることにより，争点化されない政党の意見は周縁化され，政党は支持を失う結果となる．このようなメディアの「議題設定機能」が注目された．

1960–70年代は高度経済成長により資本主義が進展し，多様なメディアが技術的に発達した．単に，ラジオ，テレビなど単一のメディアが突出するのではなく，メディア媒体の種類や内容が多様化し，単体メディアの効果のみを視

野に入れる従来の理論の不備が認識されるようになった．幅広いメディア活用を伴った生活実践や文化活動に関心が向かい，メディアと私たちの関係は歴史的，社会的な文脈に則してとらえ直されることになった．1960-70年代はベトナム反戦運動，公民権運動，学生の政治運動など激しく揺れ動いた社会であった．そのため従来の予定調和的なメディア理論や自立した個人による多元社会という社会理論自体にも疑問がもたれるようになった．公民権運動，女性運動，ゲイ，レズビアン運動などの影響をうけて，民族，階層，ジェンダー，セクシュアリティなど多様な社会的アイデンティティとメディアとの関わり，資本主義社会におけるメディア表象に伴う権力作用の研究に関心が集まるようになった．

カルチュラル・スタディーズなど記号論，構造主義やポスト構造主義の影響もあり，メディアは「現実」を伝達するのではなく，秩序づけられた言語や記号を使って「現実」を意味づける「文化装置」ととらえ直された．

❖❖❖ デジタル・メディア社会と「メディア・リテラシー」

1980年代にはウォークマンが普及し，80年代後半からはポケベル，携帯電話，パソコン，インターネットなどのデジタルでモバイルなメディアが出現し，私たちとメディアの関係はすっかり様変わりをみせている．ウォークマンは，ポケベル，携帯電話など身体をメディア化する情報メディアの系列に連なり，私的空間と公共空間の境界を取り払う情報テクノロジーの先駆けとなった．どこにいようと自分だけの音楽空間を設定することができるようになった．メディアを身につけた身体が都市空間を縦横に駆けることができるようになった．また，1980年代にコードレス電話の導入により，個人が次第に外部と直接つながる回路がつくり出されていた．90年代にはPHSそして携帯電話の爆発的普及により，私たちの身体が地理的，物理的に存在している場所や社会関係とは別個に，モバイル・メディアを介してまったく別の空間と接続することが可能になった．かつて，電話は，外部との境界にある玄関口に置かれていた．し

かし，親子電話やコードレスの発達により電話の置かれる場所が玄関からダイニングキッチンへ，そしてさらに個室へと移っていった．

その一方でテクノロジーの著しい進展により，パソコンや携帯電話で世界中のネットワークと直結できるようになった．マスメディアを経由することなく直接不特定多数の人とコミュニケーションできる新しいデジタル・メディア社会が到来した．カメラつき携帯電話でとった写真や情報を現地から携帯でアクセスし，インターネットで世界中に発信することができる．アフガニスタンやイラク戦争などにおいても，マスメディア企業に属さない市民ジャーナリストによる携帯やパソコンを使ったニュース発信がみられた．「パブリックな議論の場」たるメディアに市民が参加する権利を求める運動も盛んである[4]．また，メディア研究やメディア活動のなかで，「メディア・リテラシー」[5]が進められるようにもなっている．

草の根的なパソコン・ネットワークから生まれたインターネットの普及は，国境を越えグローバルに展開される市民活動に拍車をかけているのである．日本でインターネット元年ともよばれた1995年，阪神・淡路大震災が起こり，パソコン情報やインターネット通信が貢献した．インターネットは，マスメディアが報道しづらいローカルで詳細な情報を必要な人に向けて発信できる．そのため，災害援助のみならず，原発事故への対応，沖縄の基地移転など地域の市民運動の情報発信に活用されている．

当初，市民はマス・メディアの受容者としての側面が強調されたが，テレビや雑誌文化が爛熟するようになってからは，社会の主流の価値を伝達するメディア文化と私たちの交渉過程に関心が移っていった．その後，デジタル社会の到来を迎え，携帯電話やインターネットなどモバイル・メディアの普及があり，1人の市民でもメディア発信できる時代となった．

つまるところメディア研究とは，新しい技術装置の発展の結果登場するメディア（媒体）について，それを利用する人びとが歴史的，文化的な背景に即してどのような関わりを持っているか，そのコミュニケーションプロセスをとらえ

第4章　メディア

ようとする研究である．

　以下では，現代社会における「若者とメディア」の諸局面に照準をあて，そのコミュニケーションプロセスをみていきたい．ここで取り上げるのは若者にとって関心が高いスポーツ・メディアとヒーロー像，若者が積極的に進めたメディア・リテラシーの取り組み，さらには日本独自の携帯電話の利用現象についてである．

✤✤ メディアによって構築されるスポーツ・ヒーロー

　「スポーツ」は，「気晴らし」(disport) という言葉から生まれ，肉体の行使が重要な役割を果たす娯楽を指している．古代ギリシャのオリンピア競技は「暴力の形態」を主とし，死者さえ出したが，1896年に始まる近代オリンピックは，家柄や身分によってではなく個人の能力と業績によって成功することができるという意味で近代社会の理念を表すものとされる．陸上，水泳，レスリング，射撃，自転車，テニスなどの競技を，新たにスポーツとしてつくり出した．

　近年，スポーツをメディアとの関わりを含めてとらえた研究が出ており（井上・亀山1999，橋本2002），メディアが扱うスポーツ観と社会の支配的価値観との関わりを検討する研究も盛んになっている．

　ところで，現代社会においてわたしたちがヒーローに出会うのは，主にメディアを介してである．メディア・ヒーローの研究は，社会の価値とわたしたちの夢や憧れのせめぎあう場として重要である．メディア・ヒーローとは，「それぞれの時代や社会を象徴する価値を体現し，大衆の思い描くファンタジーを代理的に現実化している[6]」という．以下では，メディア・ヒーローに照準をあてて社会の価値との関わりを考えた研究事例をみていきたい．

✤✤ 「日本的徳目をもった人物」としての松井秀喜

　「大メディアが創るヒーロー　大リーガー松井秀喜——イチローとの比較を通して」という論文で岡本能里子は，大リーガー松井秀喜の作られ方には何か

新たな日本の社会文化的な価値観の要請が反映しているのか，という観点から分析している．アメリカ大リーグに進出した松井秀喜がヒーローとして取り上げられるのは，松井のもつ成績以上の何かが日本人を惹きつけたのではないだろうか．メディアが取り上げるスポーツについては，日本では「浪花節的人間関係」や「勤勉さへの関心」などがみられる一方，アメリカでは「数量化」や「ナンバーワンであること」へのこだわりが示されるなど，それぞれの社会文化的価値観が強化される．たとえば，高校野球選手権大会でのテレビ中継では「一生懸命さ」「努力」「郷土意識」「友情」などの価値観が強調されるなど，メディアはそれぞれの社会の価値観を埋め込む「文化的装置」として機能している．

人びとが松井にもつイメージは，同世代の若者が失いつつあるかつての日本的『徳目』をもった人物であるという．野球解説者高橋直樹は，「かつて経験したことのない重圧と疲労の中でメディアの取材に真摯に毎日対応し続けた，プロ意識の高さと人間としての器の大きさを感じた．敬意を表したい」[8]と述べている．また，2003年10月22日産経新聞「産経抄」でも，「勝っておごらず，負けて悪びれず，逃げず」「反省を怠らない」「謙虚で誠実な姿勢は敬服に値する」などと表現されている．このような報道では，松井を「極めて日本的」「日本的『徳目』をもった人物」ととらえているとされる．さらに，大学生のような若い世代でも松井に対して「日本人的」というイメージを持つという．

これまで，イチローや中田英寿のような世界で活躍しているメディア・ヒーローは，日本人としての枠にはまらない面をもっているゆえに世界で通用しているとみられてきた．しかし，松井は「日本人的である」「日本人らしい」メディア・ヒーローとして表象されている．同世代の若者が失った「日本人としての徳目」をもったヒーロー・松井を描くのはどのような社会的要請によるのだろうか．このような観点から大リーガー松井秀喜がメディア・スポーツ・ヒーローとして生成されていく過程が探求される．具体的には，大リーグへの移籍を発表した2002年11月1日から帰国する2003年11月22日までの『朝日新

第4章　メディア

聞』を対象に，メディア・ヒーローとしての松井をイチローの報道と対比的に考察する．分析の視点は，ヒーロー像をつくり出している，2人の印象や行為を形容することば(比喩も含む)や2人のことばの引用などに着目することで，取材者，記事の書き手ならびにメディアの発信側全体の価値観を読み込む点にある．メディア・スポーツが読者に感動や満足感を与えるのはヒーローをドラマ化する数々のことばであるからだ．

　分析によれば，イチローを表現することばと松井を表現することばにははっきりとした違いがみられた．イチローには，「無駄のない」「鋭い」「キラリ」などのことば，カタカナや機械をイメージすることばが多い一方，松井をあらわすことばには，「集中力」「前向き」「着実に」といった人間的な面がクローズアップされている．

　つまり，イチローは「クール」や「天才的」という価値観が示唆される一方，松井の言葉からは「地道に努力」して成績をあげているという価値観が伝わる．また，松井のことばの引用では，「しっかり」「がんばる」など同じことばが繰りかえし使用されており，松井を形容することばと呼応し，「地味」だが「しっかり地道」にやっていて「どっしり」「落ち着いた」「静」のイメージが生まれている．

　さらに，イチローと松井の記事をフォローし，大リーグのヤンキース入団を発表し，帰国した松井が成田空港で多くのカメラをもったファンに迎えられているシーンをとらえた「松井，ホッと帰国」(2004年1月17日『朝日新聞』)という記事(図表4－1参照)は，「ホッと」「ぐっすり」という促音が入ったことばを使うことで，慣れない土地から日本に帰ってきて緊張感がとれた松井の気持ちをリアルに伝え，松井が落ち着ける場所は日本であるという松井の日本人としてのアイデンティティをアピールする．

　さらに，この記事のもうひとつの見出しは「『55番』の背中に『健さん』を見た」という見出しであった．カギかっこつきの『55番』『健さん』は，俳優高倉健のイメージを松井にかぶせる効果を醸し出す．これは，高倉健が背中に

59

図表4-1　記事

「55番」の背中に「健さん」を見た
松井、ホッと帰国
興奮冷めて「ぐっすり」
MLB 大リーグ

　大リーグのヤンキース入団発表を終えた松井秀喜外野手(28)は16日午後、米国から帰国した。成田空港には大勢のファンが詰めかけ、歓声とフラッシュが松井を包み込んだ。成田空港で記者会見した松井は「行くときは興奮していたけれど、帰りは落ち着いてゆっくり寝られました」とホッとした表情で話し、ニューヨークの1週間については「ニューヨークの人々はヤンキースを愛していることを感じました」と述べた。

ヤンキースとの契約を終え帰国した松井秀喜=成田空港で

EYE　西村欣也

　ニューヨーク・タイムズスクエアにあるホテル、マリオット・マーキース。ヤンキースのユニホームをまとった松井秀喜が、背番号を見せようとゆっくり後ろを向く。
　マリナーズ入団会見で、喜びを「ジャーン」と言葉にし、1回転したイチローの姿とは、対照的だった。
　松井の背にある「55番」をテレビで見ながら、僕は10年前の冬を思い出していた。
　2月の巨人・宮崎キャンプ。松井のルーキーイヤーだった。
　「ゴジラとか言われとるけど、あの坊主、男前になると思わんか」
　声の主は青田昇さんだった。本塁打王を5度獲得した青田さんは、評論家として随筆を振るっていた。若い記者にも気さくに声をかけてくれた。
　「ニキビの跡もゴジラの由来やろが、本当にモノが違う。あの目、誰かに似てるやろう」
　答えに窮していると、彼は笑って続けた。
　「俳優の高倉健。あと10年たったら、雰囲気も間違いなく似てくる。最近ではちょっとおらん。背中で語れる選手になるよ」
　それから4年後の97年11月。青田さんは72歳で世を去った。肺がんだった。最後まで現場にこだわる人だった。目利きだった。
　ニューヨークからのテレビ画面を見ながら、青田さんの言葉が浮かんでいた。
　ピンストライプの上に縫いつけられた「55番」は、確かに見事な存在感をみせている。
　ユニホームを着た感想を求められて、松井が言った。
　「背中に違和感がなかったですね。番号が、背になじんでいる気がします」。気負いとは種類の違う自負があった。背が雄弁に語っていた。
　青田さん、あなたの言った通り、松井秀喜は「高倉健」に似てきたかもしれません。

（編集委員）

『朝日新聞』2003年 1月17日 朝刊記事4 スポーツ面

　哀愁を感じさせ，背中で存在感を示せる日本的俳優のシンボルとして中年以上の人びとに知られていることを前提にしたレトリック操作であり，高倉健のような孤独なヒーロー神話を使って松井を「背中で語れる男」として示し，松井の「男らしさ」を伝える．
　イチローをグローバルなヒーローと賞賛しつつ，時には松井をそんな「イチローより上」と評価する．それにより，ヒーロー松井は「努力家」「師弟愛」「義理や恩義」など古くからの「日本人」のもつ価値観を備えた日本人らしい

第4章　メディア

人間としてあらわされる．しかも，世界に通用するのだ，というメッセージとして伝えられている．

　大リーガー松井が「日本人・松井」というレトリックで語られるのはなぜか．政治が混迷し，景気も低迷するなか，「どこか自信をなくしている日本人，イラク戦争のアメリカ主導のやり方に反対できない情けない日本，このような人びとの不安やコンプレックスを取り除き，日本人としての自信を取り戻させるものとして『メディア・スポーツ・ヒーロー大リーガー松井秀喜』が語られたのではないか」と考察されている．ヒーローになるのは記録を上げたからではない．人びとの「記憶」の中で神格化されるところにある．社会が求めている価値が人々の記憶に投影されることによってヒーロー像はでき上がる．

　松井の「日本人」的徳目を強調する表象は確かに意気上がらない日本人を鼓舞する役割を果たす．その一方で，日本人的徳目はスポーツ組織やメディア機関が偏狭な愛国主義やタテ社会，既得権益と結びつきがちな傾向を持つなかでは注意も必要であろう．メディアの発信する情報を批判的に読み解くことが重要になってくる．

松本サリン事件の「犯人視」報道

　マスメディアによる報道被害にメディアの「犯人視」報道がある．1994年6月27日松本市でサリンがまかれた時，マスメディアはどのように対応しただろうか，思い起こしてほしい．

　松本市の閑静な住宅地の路上には犬や小鳥などの死骸が溢れ，池には魚が浮くなど地獄図が繰り広げられ，死者7名，入院患者を含む590名あまりの被害者が出る大惨事になった．原因不明の事件に対して，マスメディアは次第に第一通報者であり，被害者でもあった現場近くに住む会社員河野義行氏をサリンを撒いた容疑者というイメージで報道するようになった．たとえば，6月28日深夜には警察が「被疑者不詳のまま殺人容疑で第一通報者宅の家宅捜査」を行なったために，マスメディアの取材は河野氏宅に押し寄せた．「被疑者不

詳」とはいえ，第一通報者である河野氏の自宅が家宅捜査されたことをテレビや新聞が報道すれば，無差別殺戮の恐怖におびえるオーディエンスが河野氏を容疑者と認識することは避けがたい．現在のマスメディアでは，ニュースソースを明確にしない慣行がある．しかし，ニュースソースを具体的に特定せず，いわば「警察情報」としてマスメディアが報道すると，冤罪を生む「犯人視」報道となりかねない．この時の河野氏に関する報道は，逮捕もされていない段階に家宅捜査だけで「犯人視」した．「犯人視」報道では，容疑者の呼称から「氏」や「さん」を外し「呼び捨て」にしたり，「引き回し」と言われる逮捕時の容疑者「連行写真」や顔写真を大きく掲載したりするなどかつては人権侵害が深刻であった．現在，そのような冤罪や報道被害を生む構造的な問題点がぬぐい去れたとは言い難い．

後に冤罪であることが判明した「犯人視」報道には，河野さんの他，「ロス疑惑」三浦和義さんや甲山事件の山田悦子さんのケースがある．それぞれ無罪を勝ち取るまでには13年，25年もの長い月日が費やされた．このような冤罪事件では，警察だけではなく，マスメディアの果たした影響が大きい．とりわけ，記者クラブ制度，記者匿名制，ニュースソースを明示しないなどの「客観報道主義」報道のしくみや，集中豪雨的に大量に流される報道が影響している．さらに，「東電女性社員殺人事件」の被害者の母から抗議を受けるなど，近年は犯罪「被疑者」だけでなく，犯罪「被害者」への報道被害も重大な問題と認識されるようになっている．

事件報道は警察情報に大きく依存している．警察情報では，容疑者だけ実名で書かれるのが一般的である．事件が冤罪であった場合，取り返しのつかないことになる．報道被害に対して私たちはどのように立ち向かえばよいだろうか．

✢✢ 地元高校放送部が取り組んだメディア・リテラシー

河野さんが被った報道被害に対して，地元松本市内の高校放送部が当時のマスメディア報道を検証する番組づくりを行なっている．「テレビは何を伝えた

か」という番組では,「なぜ人権に配慮される情報社会において,このような報道被害が起こったのか」という点を検証した.以下,この取り組みを若者によるメディア・リテラシーの事例として振り返る.なお,メディア・リテラシー[11]とは次のような考え方を指す.「メディア社会を生きる市民にとっては,メディアを単に意識化するだけでなく,メディアが社会で果たしている政治的・経済的・社会的・文化的機能について学び,知識を深めることが不可欠なのは明らかである.そうした知識を駆使してメディアの文脈を批判的(クリティカル)に分析し,評価し,主体的に選択する能力を獲得する必要もある.さらに,メディアが日常生活に深くかかわっている以上,メディアに対して自分の考えを積極的に伝え,また,自らメディアをつくり出すことのできるコミュニケーション能力が求められる」[12].

松本美須々高校放送部で番組づくりを担当したのは,河野さんの娘の真澄さん(当時高校生)と共通の友人をもっている放送部員らであった.真澄さんが「まるで私の父が犯人の様な扱いになっているのはおかしい」といっていることを知り,疑問をもったという.彼女らの問題意識は鋭い.当初活字メディアの検証が精一杯だと思われていたが,「河野さんが犯人だという印象を植え付けたのはテレビのニュースの方が大きかった」「テレビは新聞報道などと違い,音楽(BGM),カメラワーク(映像),ナレーションなどの情報を総合したものであり,その組み合わせ方によっては本当の情報とは違った印象を視聴者に与えてしまう」という意見や,「テレビは,原稿では容疑者と表現しなくても,映像で語ることが可能であり,それに,原稿については攻められても,映像表現についてはクレームの出しようがない」という考えで,テレビ報道の検証を行なうことに決めた.高校生という立場を活用してNHKを含む長野県内5つのテレビ局で報道に携わった記者たちから話を聞いた.

検証番組の制作で,ローカル局の記者が,「会社員がなんらかのミスをして,薬品でガスを発生させたらしい」という東京のフジテレビから入った未確認情報を「この事件の核心に迫る情報」という勘に頼り,裏付けもとらずに急きょ

夜のニュースに入れ込んだことをつかむ．未確認情報を流した記者は事実かどうかわからない部分のことを事実であるかのように報道してしまったのだ．一方，河野氏を犯人扱いする「農薬を調合ミスしたらしい」や「タクシー運転手が河野氏から証言を聞いた」などという未確認情報を流さなかったテレビ局の記者は，「確認のとれていないうちはできない」とつっぱねていたことがわかった．このような検証から裏付けをとることの重要性を浮き彫りにした．その一方で，取材体制全体がかわらないかぎり，冤罪報道がなくなることがないという悲観的な見方を示す記者にも出会った．

　高校部員たちは，記者たちが矛盾を抱えながら取材をしていることに次第に共感をもつようになり，「同じ人間として記者に対する共感」と「変わらない／変えられないテレビメディア組織への絶望感」との両方を実感することになった．最終的に，番組は「私という一人の高校生」がテレビ報道に疑問を投げかけるスタイルをとった．ここには，松本サリン事件の報道に関係した1人ひとりの記者は誤報を反省しても，またどこかで同じ報道被害が繰り返されるであろうという懸念があった．しかし，取材によって部員のテレビメディアへの認識はかわっていったし，取材される記者たちにとっても取材方法や構造的な問題を記録していくことは意義のある過程となった．

　報道被害を起こさない送り手と受け手の関係を模索した彼らは，結局，報道被害はマスメディアだけの責任で発生するものではない，その情報を消費していく受け手によってもつくられる．つまり，送り手と受け手の関係性の中で発生する問題なのだ，という結論に到達する．送り手だけに変革を求めるのではなく，テレビメディアの特性を視聴者が知らなければならないということがわかった．そしてその後も彼らは積極的なメディア・リテラシー活動をすすめている．

✤✤✤ 若者の利用率が高い携帯電話

　携帯電話によるモバイル通信が若者を中心に盛んである．若者と携帯電話の

関わりを日本での利用のし方に注目して覗いてみたい．

　日本では携帯電話の増加は著しい．図表4－2が示すように，1999年に4,153万であった契約数は2004年には8,152万へと倍増している（『平成16年度情報通信白書』）．そして，携帯を保有しているのは，20代で84.7％，30代で82.5％と20～30代が8割を超す高さである（2003年度末の調査．総務省「平成15年度通信利用動向調査」）．

　携帯電話というのは，「政府行政サイドで積極的に導入が図られたわけでもなく，いつのまにか，そこら中に普及・浸透していったメディア」[13]だといわれる．「いつのまにか普及」というが，率先して普及の担い手になったのが若者であった．本稿が携帯電話を取り上げるのも，若い世代の利用率が著しく高いメディアだからである．では，携帯電話はどうして若者に支持されるのだろうか．

　2004年時点における携帯電話は，時計はもちろんのこと，カメラ，アドレス帳，電子メール，インターネット接続など多彩な機能を兼ね備え，もはや「電話」とよぶのがはばかられるほど多機能型メディアとなっている．これが若者の支持とは関係していないだろうか．

　次頁の表によれば，携帯電話の増加は，携帯電話でインターネット接続をする人の増加と並行していることがわかる．日本ではインターネットはインフラも普及率も利用状況もいくつかの国とくらべて遅れをとってきたといわれるが，99年2月のIモードを皮切りに，EZweb，J－スカイなどのインターネットのできる携帯電話が続々と登場し，それによって携帯電話への流れは加速した．また，次表によると，2000年11月にカメラ付き携帯電話が導入されて以来，カメラ付き携帯電話が急激に伸びている．導入されて4年後の2004年現在では，61.4％と過半数を占めるようになっている．

✣✣ 日本で先行するインターネットつきケータイと女子高生

　日本において携帯電話の加入台数が固定電話を上回ったのは2000年である．

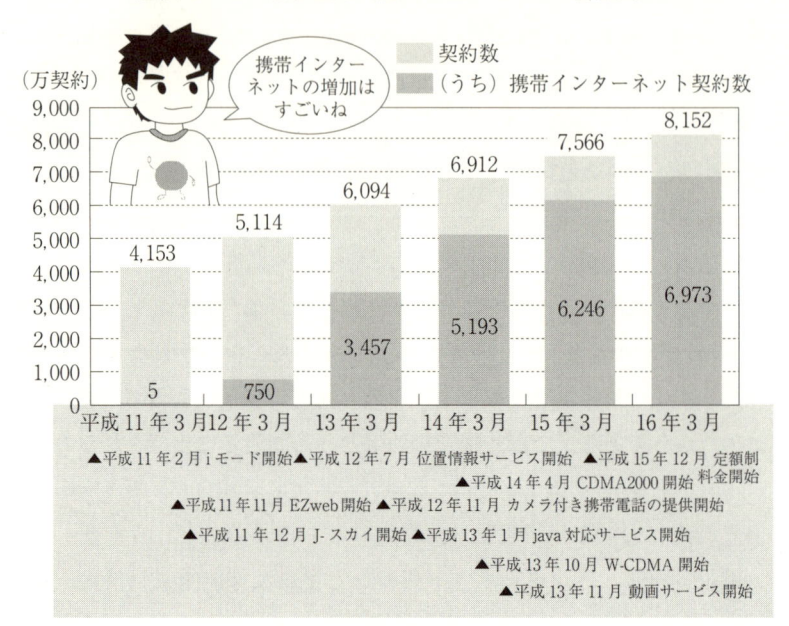

図表4－2　携帯電話と携帯インターネットの普及状況

（万契約）

携帯インターネットの増加はすごいね

契約数
（うち）携帯インターネット契約数

平成11年3月	12年3月	13年3月	14年3月	15年3月	16年3月
4,153	5,114	6,094	6,912	7,566	8,152
5	750	3,457	5,193	6,246	6,973

▲平成11年2月 iモード開始　▲平成12年7月 位置情報サービス開始　▲平成15年12月 定額制料金開始
▲平成14年4月 CDMA2000開始
▲平成11年11月 EZweb開始　▲平成12年11月 カメラ付き携帯電話の提供開始
▲平成11年12月 J-スカイ開始　▲平成13年1月 java対応サービス開始
▲平成13年10月 W-CDMA開始
▲平成13年11月 動画サービス開始

※携帯インターネット契約数は，携帯電話事業者によるiモード，EZweb（旧EZaccessを含む），ボーダフォンライブ！（旧J-スカイ含む），のサービスの契約数合計．『平成16年度情報通信白書』より

　1995年3月には2,088万台であった携帯電話は，その6年後の2001年3月には6,094万台と3倍，2003年3月には7,566万台と4倍に増え，人気はうなぎ登りである（「テレコムデータブック2004（TCA編）」．また，携帯電話のうち，インターネット付きは，2004年3月では6,973万台，85.5％と，インターネットつき携帯電話が9割に迫っている．他の国との違いはそこにある．

　では，インターネット利用者全体のなかで携帯電話端末からの接続はどの程度を占めるのだろうか．2003年3月には，携帯電話端末からの接続者数が，6,246万人であるが，その他のインターネットサービスプロバイダーからの加入件数は，1,133万件である（「テレコムデータブック2004（TCA編）」．数値的にみる

第4章　メディア

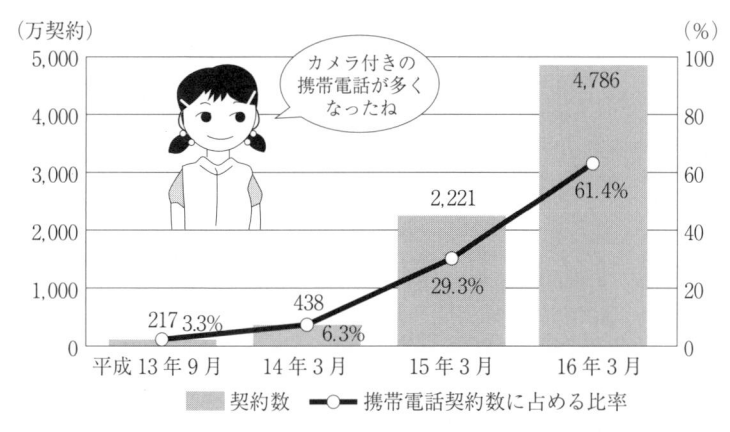

図表4－3　カメラ付携帯電話の契約数の推移

（吹き出し：カメラ付きの携帯電話が多くなったね）

平成13年9月：217万契約、3.3%
14年3月：438万契約、6.3%
15年3月：2,221万契約、29.3%
16年3月：4,786万契約、61.4%

凡例：契約数／携帯電話契約数に占める比率

※NTTドコモ，KDDI及びボーダフォンの合計．『平成16年度情報通信白書』より

と，インターネット接続加入数は携帯からのものが圧倒的である．

　さらに，携帯電話からのインターネット利用についての調査をみると，携帯からのネット利用は若い世代の特徴であることがわかる．15～19歳の男性で68.4％，同女性で85.2％と高い利用がある一方，40代女性は22.7％とネットアクセス利用への関心が減じている（電通デジタルライフスタイル調査，2002年11－12月調査）．

　携帯電話の利用率は，世界規模で上がっており日本が突出しているわけではない．しかし，携帯からインターネットへのアクセスは日本が約90％と世界一位である（『平成16年度情報通信白書』）．

　前頁の表にあるように，カメラ付き携帯電話も，2004年3月には携帯電話契約者の61.4％にまで達している（『平成16年度情報通信白書』）．2002年3月には6.3％でしかなかったのであるから，その伸びの大きさに驚かされる．

　では，日本での「インターネットつきケータイ」や「カメラつきケータイ」への人気の高さはどのようにして生まれたのだろうか．ここからは，携帯電話を利用者の文化的関心と絡めて論ずるために，利用者に使われている「ケータ

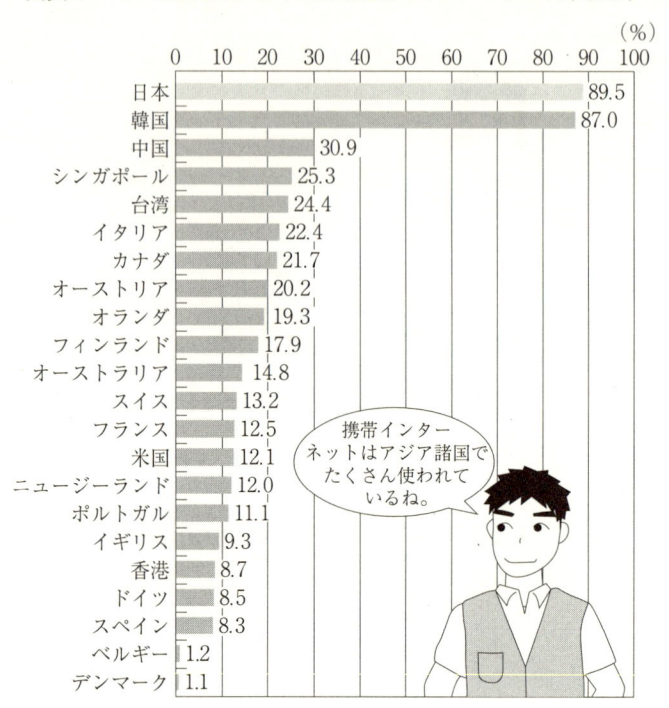

図表4-4 主要地域における携帯電話のインターネット対応比率

国・地域	比率(%)
日本	89.5
韓国	87.0
中国	30.9
シンガポール	25.3
台湾	24.4
イタリア	22.4
カナダ	21.7
オーストリア	20.2
オランダ	19.3
フィンランド	17.9
オーストラリア	14.8
スイス	13.2
フランス	12.5
米国	12.1
ニュージーランド	12.0
ポルトガル	11.1
イギリス	9.3
香港	8.7
ドイツ	8.5
スペイン	8.3
ベルギー	1.2
デンマーク	1.1

（携帯インターネットはアジア諸国でたくさん使われているね。）

※数値は各国・地域の主要な事業者における携帯電話契約数に占めるインターネットの契約数の割合である．『3G Mobile』により作成「平成16年度情報通信白書」より

イ」という用語を用いる．岡田朋之によれば，ケータイを進化させたのは女子高生文化によるという．数字の配列を語呂合わせで読むことによってメッセージを伝えるのを『ポケコトバ』という．「0840」なら「オハヨウ」と読み，「724106」であれば「ナニシテル」という意味だ．ポケベルの数字「11」に「ア」，「21」に「カ」というようにカナ変換ができる機能が工夫された．これにより，ポケベルでメッセージを送ることができるようになった．呼び出しの手段であったポケベルを，電話のプッシュボタンを送信用のキーボードとして組み合わせることで，文字通信のためのメディアとして進化させたといわれる．

第4章　メディア

メッセージを送ることができるようになったポケベルは若者の間でさらに利用が拡大し，1996年にポケベル加入者数はついに1,000万を突破した．同じ1996年には，携帯電話が双方向性を生かして文字サービスを開始する．1999年にインターネットに接続されてからはメール機能としての活用が促進された．日本でのインターネットつきケータイの隆盛の蔭には女子高生文化の存在があったのだ．

　現在英語のメールにおいても，字数の限られたケータイでのやりとりでは"How are you?" を "How r u?"，"See you later" を "c u l8r" という短縮形で表現することがよくあるという．日本語漢字では漢字変換ソフトが充実しており，メッセージを書くのが容易になっているが英語ではそうしたソフトはない．字数制限もある中での文化的工夫が行なわれているのであろう．

　近年，メディアと社会の関係性が語られる際には新しいテクノロジーがいかにして社会にインパクトを与えるか，という観点から議論される．こうした〈技術決定論〉による議論は『IT』論議などでも根強い．しかしながら，女子高生がメディアを新しく使いこなし，それを産業界が新たなモデルへとつなげる例からは，メディア・テクノロジーの発展は，それぞれの国や地域の政策のあり方や市場ニーズ，消費者の活用状況や活用方法などと深く絡みあって進んでいくことがわかる．けっして技術決定論ではなく，文化的な要素が大きな影響を及ぼしている．

　このようにデジタル・メディアの登場は，私たちの日々の生活そのものをメディア実践と化してしまった．さらに，デジタル・メディアはテレビや新聞などあらゆるメディアのありようも変化させている．メディアが，かつてないほど私たちの日常生活全般に大きな影響を与えていることは間違いない．その中で若者は，メディアの影響を受け取るだけではなく，むしろ能動的，主体的にメディアを利用している．報道を検証する番組づくりをしたり，また，携帯電話をカメラやインターネットなどマルチメディア化する道を拓いたのも，女子高校生のポケベル活用の結果であった．このように，メディアと社会は，双方

が深く影響を及ぼしあっている.

───────〔注〕───────

1) 主に吉見俊哉『メディア文化論』有斐閣, 2004年を参考にした.
2) キャントリル, H. (斎藤耕二・菊池章夫訳)『火星からの侵入』川島書房, 1971年. 原書は1940年発行.
3) ラザースフェルド, P.F. ほか (有吉広介監訳)『ピープルズ・チョイス』芦書房, 1987年
4) 津田正夫・平塚千尋編『パブリック・アクセスを学んだ人のために』世界思想社, 2002年を参照.
5) 鈴木みどり編『メディア・リテラシーの現在と未来』世界思想社, 1997年
6) 橋本純一「メディアスポーツヒーローの誕生と変容」橋本純一編『現代メディアスポーツ論』世界思想社, 2002年, p.267
7) 岡本能里子「メディアが創るヒーロー 大リーガー松井秀喜」三宅和子・岡本能里子・佐藤彰編『メディアとことば1』ひつじ書房, 2004年, pp.196-233
8) 2003年10月8日『朝日新聞』「私の視点」
9) 岡本, 同上書, p.229
10) 木部 (1993) 参照. 本書は元新聞記者による問題提起の書.
11) 林 直哉「松本サリン事件と高校放送部」水越伸・吉見俊哉編『メディア・プラクティス』せりか書房, 2003年, pp.146-169を参照している.
12) 鈴木みどり編『メディア・リテラシーの現在と未来』世界思想社, 2001年, p.3
13) 岡田朋之・松田美佐編『ケータイ学入門』有斐閣, 2002年, p.16
14) http://www.tca.or.jp/japan/database/annual/2004/index2.html参照.

───────〔参考文献〕───────

浅野健一『客観報道』筑摩書房, 1993年
飯室勝彦・田島泰彦・渡邊眞次編『報道される側の人権』明石書店, 1999年
井上 俊「文化としてのスポーツ」井上俊・亀山佳明編『スポーツ文化を学ぶ人のために』世界思想社, 1999年
岡田朋之・松田美佐編『ケータイ学入門』有斐閣, 2002年
岡本能里子「メディアが創るヒーロー 大リーガー松井秀喜」三宅和子・岡本能里子・佐藤彰編『メディアとことば1』ひつじ書房, 2004年
木部克己『甲山報道に見る犯人視という凶器』あさを社, 1993年
キャントリル, H. (斎藤耕二・菊池章夫訳),『火星からの侵入』川島書店, 1971年
菅谷明子『メディア・リテラシー』岩波新書, 2000年

第4章　メディア

鈴木みどり編『メディア・リテラシーの現在と未来』世界思想社，2001年
津田正夫・平塚千尋編『パブリック・アクセスを学ぶ人のために』世界思想社，2002年
橋本純一「メディアスポーツヒーローの誕生と変容」橋本純一編『現代メディアスポーツ論』世界思想社，2002年
林　直哉「松本サリン事件と高校放送部」水越伸・吉見俊哉編『メディア・プラクティス』せりか書房，2003年
吉見俊哉『メディア文化論』有斐閣，2004年
ラザースフェルド，P. F.（有吉広介監訳）『ピープルズ・チョイス』芦書房，1987年

第5章

岐路に立つ若年労働者

† キーターム †

フリーター　「15〜34歳の若年（ただし，学生と主婦を除く）のうち，パート・アルバイト（派遣等を含む）及び働く意志のある無職の人」（内閣総理府編『平成15年度版　国民生活白書』2003年）を指している．フリーターのなかには，現在無業の状態の場合もあるので，若年の非正規労働者の別称ということではなく，フリーターには若年の失業者と若年の無業者とが含まれている．

ニート　15歳から34歳までの若年者で，通学や家事をするのでもなく，また，就労と職業訓練をするわけではない者を「Not in Education, Employment, or Training」の頭文字を取って「ニート」とよぶ．イギリスではニートは階級社会の底辺の層の問題として現れ，16歳から18歳の若者がおよそ1割を占める．これに対して，日本では高学歴でもニートに近い生活を送る者が目立っている．

インターンシップ制度　学生が在学中に，自分の学習内容や進路に関連した職業体験を企業の中で実際に行なうという制度．インターンシップを通じて，若者は，与えられた仕事を確実にこなすことを体験し，自分の職業適性への理解を深め，就労意識の向上をはかることができる．また，企業が学校や学生に自社がどのような人材を求めているのかについて伝えることができるので，労働需給のミスマッチの解消につながると期待されている．

無業の若者「ニート」6年後には約100万人

　学校にも行かず，仕事もせず，職業訓練も受けていない若者「ニート」の人口が，00年時点の75万1千人から，05年に87万3千人に増え，10年に98万4千人と100万人規模に膨らむ，との試算を，第一生命経済研究所が21日発表した．同研究所は「消費の抑制や労働人口の減少による潜在成長率の低下も懸念され，早急な対応が必要」（門倉貴史・主任エコノミスト）と指摘している．

　国勢調査に基づいて，同研究所が90～00年のニート比率を計算，その上昇傾向などを前提に試算すると，10年に100万人に迫ったのち，20年に120万5千人に達するとの結果となった．95年時点では29万4千人で20年に約4倍になる計算だ．

　ニートを5年間続けた場合の生涯所得を試算すると，卒業と同時に正社員になった大卒男子の約4分の3になる．ニートからの就職は職業訓練不足からパート労働となる可能性が高く，その場合の生涯所得は大卒男子の2割弱にとどまる．ニートが消費を抑えることで，03年の名目国内総生産（ＧＤＰ）は約0.15ポイント押し下げられたという．ニート増加による労働人口の減少などの影響で，00年～05年の日本の経済成長率が約0.25ポイント押し下げられる，としている．

出所）『朝日新聞』2004年10月22日付朝刊

第5章　岐路に立つ若年労働者

　若者（10代，20代，30代前半の年齢にある者）が新卒採用で就職しようとする時，自分が思い描いている仕事に就ける機会はますます少なくなってきている．「このあたりで手を打つか」と自分を納得させて現在の企業に就職したものの，新人は何年も入って来ないので，自分はいつまでも業務の合間に雑用もこなさなければいけない．アフター・ファイブに学生時代の仲間と近況報告し合うと，正社員で働く者の多くは残業が増え，ますます忙しそうだ．他方，アルバイトを転々としているフリーター組の仲間は，「今の収入では30歳を過ぎてからの生活が心配だ」とこぼしている．多くの若者が，社会に出て働くなかで，自分の置かれた状況に対して悩んだり，どのように進路変更したらよいのかわからなくなってきている．本章では，若者の働き方の特徴と現代日本社会で働く際に若者が遭遇する問題について一緒に考えていくことにしよう．

✥✥✥ 正社員は高嶺の花？

　バブル経済崩壊後，日本経済は低迷し続け，多くの企業は悪化する収益を改善するために，投資の先送りのみならず，リストラ，新卒者採用の抑制，賃金抑制などいわゆる減量経営を行なってきた．こうした企業の減量経営策は，労働環境全般に反映され，正規労働者比率の低下，福利厚生費や教育訓練費の圧縮，成果型賃金部分の拡大といった形となって現れた．

　若者の労働環境も，こうした日本経済の不振により大きな変化が生じた．図表5－1に示したように，1990年と2001年とでは，若年人口は3453万人で同じであるが，雇用形態については，2001年では1990年と比較して雇用者が256万人増加している．しかし，その内訳をみてみると，増加分の多くはパート・アルバイトといった非正規雇用者（254万人増加）の増加分が占め，パート・アルバイトの割合は15.6％から26.7％へと増加している．つまり，昨今の若者の実に4人に1人は非正規雇用者として働いており，若者が正社員として就労することが次第に高嶺の花になってきている．

　2002年の完全失業率は実に5.4％となっており，10年前の1992年（2.2％）と

比較して3ポイント以上高くなっている。日本経済の長期的不況は労働者から就業機会を奪い始め、2001年の若者の失業者数も150万人にのぼり、1990年の68万人から82万人増加している（図表5-1）。

年齢別に完全失業率を比較してみた場合、どの年齢層の失業率が高くなっているのだろうか。皆さんは「中高年の賃金は若者に比べて高いから、失業率が高いのは中高年だろう」と予想するかもしれない。2002年の完全失業率を年齢別に比較してみると、意外なことに、リストラの対象となっている45歳以上の中高年（45歳～49歳3.9%, 50歳～54歳4.1%, 55歳～59歳4.5%）より、若者（15歳～19歳12.8%, 20歳～24歳9.3%, 25歳～29歳7.1%）と年金つなぎ期間にあたる60歳～65歳（7.1%）の失業率の方が高くなっているのである（総務省統計局「労働力調査」）。

2001年の若年親同居未婚者の失業率は9.6%となっており、被扶養者を持たず、衣食住にさしあたって困窮しない若年親同居未婚者では、若年労働者全体

図表5-1　パート・アルバイトを中心に就業者が増加

(万人)

若年の雇用形態				1990年	2001年	差
若年人口				3,453	3,453	＋0
	就業者			1,886	2,064	＋178
		雇用者		1,673	1,929	＋256
			正社員	1,412	1,414	＋2
			パート・アルバイト	261	515	＋254
		自営・その他		213	135	▲78
	失業者			68	150	＋82
	非労働力人口			1,477	1,233	▲244

(%)

	1990年	2001年	差
失業率	3.5	6.8	＋3.3
雇用者に占めるパート・アルバイトの割合	15.6	26.7	＋11.1

(備考) 1. 総務省「労働力調査特別調査」により作成．
2. 若年の雇用形態別人数，失業率及び雇用者に占めるパート・アルバイトの割合の変化．
3. 「正社員」とは，常用雇用の正規の職員・従業員．
4. 「パート・アルバイト」とは，雇用者全体から「正社員」を除いた人．
5. 対象は，15～34歳の人．
6. 若年人口には無回答を含んでいるため合計は一致しない．

出所）内閣府編『平成15年版　国民生活書』ぎょうせい，2003年，p.60

の失業率より1.8ポイント高くなっている（総務省「労働力調査特別調査」2002年）．この傾向は何を意味しているのだろうか．

✤✤ パラサイト・シングルは優雅か？

　若年親同居未婚者の場合，失業しても，路頭に迷うおそれは少ない．親元にいれば，寝食はなんとか面倒をみてもらえるからだ．このように記述すると，皆さんは「若者はパラサイト・シングルしている」といいたいのだろうと予測するかもしれない．「パラサイト・シングル」とは，「学卒後もなお，親と同居し，基礎的生活条件を親に依存している未婚者」を指す用語である[1]．現在，若者の親同居率(既婚者を除く)は67.2％で（総務省「国勢調査」2000年），親同居未婚者では基本的な生活コスト(家賃，食費，水道，光熱費，電話代など)を親に援助してもらっている若者は，およそ9割にのぼる(男性85.1％，女性90.8％；内閣府「若年層の意識実態調査」2003年).

　以上の調査結果を踏まえると，独身の若者の6割前後が「パラサイト・シングル」ということになる．「パラサイト・シングル」というと，月収の2～3万円を家に入れ，残りを趣味やショッピングにあてるといった優雅な独身貴族をイメージしがちである．この「パラサイト・シングル」についてのイメージは，あくまでもステレオ・タイプ化されたイメージであり，実際は「パラサイト・シングル」をする者の中の一部に過ぎない．図表5－2に示したように，親同居未婚者(79.1％)では親非同居未婚者(84.5％)と比較して，正社員比率が低く，逆にパート・アルバイトといった非正規労働者比率と無職者比率が高くなっている．たしかに，この傾向について，「近頃の若者は親元でいつまでも甘えていてケシカラン」と，若者批判の格好のタネにすることもできる．しかし，昨今の不況下での，若者の高い失業率と非正規雇用者比率とを考えると，「一人暮らしを許さない経済的事情」があるから親元にとどまざるをえないという側面も同時に浮かび上がってくる．

図表５－２　親同居未婚者で増加するパート・アルバイト

(％)

未婚者の親同居・非同居	正社員			パート・アルバイト			無職		
	1991年	2001年	差	1991年	2001年	差	1991年	2001年	差
未婚者	80.7	67.5	▲13.2	6.5	16.1	9.6	3.5	7.7	4.2
親同居者	79.1	64.1	▲15.0	6.4	17.4	11.0	4.0	9.1	5.1
親非同居者	84.5	75.6	▲8.9	6.8	13.2	6.4	2.3	4.7	2.4

（備考）　1．総務省「労働力調査特別調査」により作成．
　　　　　2．未婚者のうち，親同居・非同居別に正社員，パート・アルバイト，無職の人の構成比の変化．
　　　　　3．「差」は2001年の数値から1991年の数値を引いたもの．
　　　　　4．対象は学生を除く20～34歳の人．
出所）内閣府編『平成15年版　国民生活白書』ぎょうせい，2003年，p. 101

非労働力化する若者たち

　昨年大手私立大学の４年生だったA子さんは，広告代理店の営業あるいは企画の仕事に就くことを強く希望していた．彼女は，３年生の時から，マスコミ関係の専門学校へも通い，希望する仕事に就くために着々と準備を進めていた．しかし，多くの企業が新規採用枠を減らしている現在，彼女が資料請求しても，なかなか資料が送られてこないし，採用担当者にもめったに会ってもらえなかった．こうした強い風当たりのなか，彼女は，賢明に各社を回り続けた．だが彼女の努力の甲斐なく，彼女は内定を１つももらえなかった．彼女は卒論制作と就職活動との疲れから年末にインフルエンザにかかり，彼女はすっかりやる気をなくしてしまった．A子さんは，就職浪人してやれという気になり，翌年の５月になっても，たまに就職情報誌に目を通したり，インターネットで就職情報を検索すること以外，特に活動をしなくなってしまった．

　A子さんは「働きたい」という就業希望意志をもっているのだが，彼女はここ数ヶ月間，求職意欲が下がってしまい，就職活動をしていない．A子さんの場合は，日本の統計分類では「失業者」に入らない．「失業者」とは，「毎月末の１週間にまったく仕事をしておらず，職探しをしている人々もしくは求職活動の結果を待っている人々」を指す．労働力人口は，生産年齢人口に占める

「失業者と就業者の和」の割合を指すから,A子さんは非労働力に分類される.

2001年の若年の非労働力人口は,1233万人であるが,このうち学生と主婦を除いた89万人が就業も求職活動もしていない.しかし,非労働力化した無業者のうち46万人は「条件にあう仕事があればしたい」と思っており,「潜在的失業者」とみなすことができる.この潜在的失業率を計算すると8.6％に上る(総務省「労働力特別調査」).

A子さんのように,就職活動にやる気をなくしてしまうという傾向は,離職期間の長期化と関係している(図表5-3).「この1年間に再就職をした人」では,離職期間が「1年以内」が約7割(68.0％)を占めているいる.これと比較

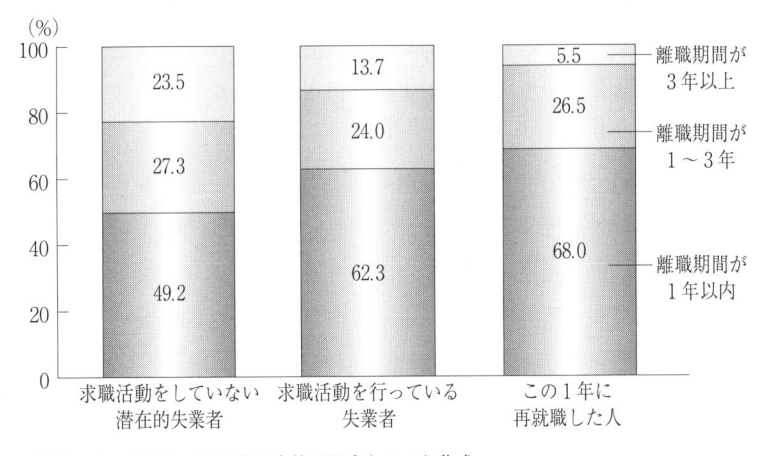

図表5-3 離職期間が長期化するにつれて求職活動をやめてしまう

	求職活動をしていない潜在的失業者	求職活動を行っている失業者	この1年に再就職した人
離職期間が3年以上	23.5	13.7	5.5
離職期間が1～3年	27.3	24.0	26.5
離職期間が1年以内	49.2	62.3	68.0

(備考) 1. 総務省「労働力調査特別調査」により作成.
2. 「潜在的失業者」,「失業者」,「過去1年以内に再就職した人」別にみた離職期間の構成比.
3. 「潜在的失業者」とは,非労働力人口のうち主婦と学生を除いた人で,就業希望がありこの1年以内に求職活動経験のある人.
4. 「求職活動を行なっている失業者」とは,通常の失業者.
5. 「この1年に再就職した人」とは,就業者のうち現職に就いたのが1年以内の人.
6. 対象は,15～34歳の前職のある人.
7. サンプルを確保するため1999年から2001年の合算集計.

出所) 内閣府編『平成15年度 国民生活白書』ぎょうせい,2003年,p.62

して,「この1年間に求職活動をしていたが現在求職活動をしていない者」(潜在的失業者)では,「離職期間が1年以内」の者の割合(49.2%)が少なく,「離職期間が3年以上」の者の割合(23.5%)が多くなっている.離職期間が長くなると就職活動を止めてしまう傾向がみられる.このことから,失業が長期化しないような失業対策事業,失業者と潜在的失業者に対する就職指導や職業教育などが必要となってくることがわかる.

✽✽ 注目され始めたニート問題

2003年現在,新規学卒者の就職内定率は,大卒92.8%,短大卒89.6%,高卒90.0%となっている(厚生労働省・文部科学省調べ).この就職内定率をそのまま受け取ると,「大学出のおよそ9割の人が就職できる」と考えがちである.皆さんは,「高等教育を受けた若者は会社の将来を担う労働力として不可欠であるから,会社は大卒者を少なからず新卒採用するものだ」と考えているかもしれない.

しかし,ちょっと待って欲しい.就職内定率とは,「就職希望者のうち,企業から内定を得た者の比率」である.つまり,就職を希望していた学生で内定がなかなか得られず,就職を諦めてしまった者,たとえば,A子さんの例は,就職内定率の分母から除外されている.A子さんのように,新規学卒者で就職も就職活動も行なっていない者は新規学卒無業者とよばれる.1991年の大卒者の新規学卒無業者比率は5.2%であったが,2002年では21.7%となっており,16.5ポイントも上昇している(文部科学省「学校基本調査」).

最近,18歳から34歳の若年者で,通学も就業もしておらず,なおかつ,教育訓練も受けていない者に対して,「ニート」という言葉が日本で使われ始めた.これまでイギリスで使われてきたニートでは,主に10代の若者を指し,低学歴で低い社会階層出身者が目立っており,社会から排除されている者たちの問題とみなされてきた.A子さんのような高学歴者でニートに相当する状況に置かれている者も目立ち始めたことから,日本版「ニート」では,34歳以

第5章　岐路に立つ若年労働者

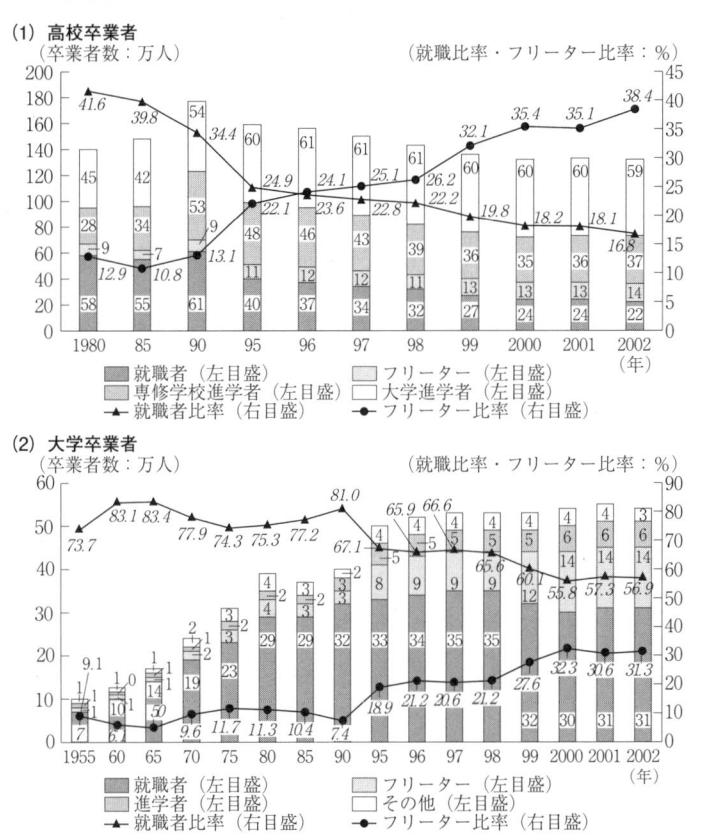

図表5-4 就職者の割合は低下，フリーターの割合は上昇

(1) 高校卒業者

(2) 大学卒業者

(備考) 1. 文部科学省「学校基本調査」により作成．
2. (1)は進路先別高校卒業者数，高校卒業者の就職者比率及びフリーター比率の推移，(2)は進路先別大学卒業者数，大学卒業者の就職者比率及びフリーター比率の推移．
3. 「就職者」は給料，賃金，報酬，その他経常的な収入を目的とする仕事に就いた人，自家・自営業に就いた人は含めるが，アルバイトなど臨時的な仕事に就いた人は含めない．
4. 「大学進学者」は大学・短期大学への進学者，通信教育の学生を含む．
5. 高卒の「フリーター」は，進路が未定であることがあきらかな人で，「大学進学者」，「専修学校進学者」及び「就職者」のいずれにも該当しない人．
6. 大卒の「フリーター」は，進路が未定であることがあきらかな人で，臨時的な収入を目的とする仕事に就いた人，「就職者」及び「進学者」のいずれにも該当しない人．
7. 「その他」は臨床研修医（予定者を含む），死亡・不詳の人．
8. 「就職者比率」は卒業者全体に占める就職者の割合．
9. 「フリーター比率」はフリーターと就職者の合計に占めるフリーターの割合．
10. 「専修学校進学者」には，「専修学校（専門課程）進学者」，「専修学校（一般課程）等入学者」，「各種学校入学者」及び「公共職業能力開発施設等入学者」を含む．

出所) 内閣府編『平成15年版　国民生活白書』ぎょうせい，2003年，p.49

下の若者まで対象範囲を広げており，6年後の2010年には98万4千人に膨らむという試算が出ている(コラム参照)．

つぎにニートの仕事意識をみてみると,「豊かでなくても気ままに暮らしたい」(83.5％),「仕事が面白くなければ辞めればよい」(55.3％)が正規労働者，パート・アルバイトより多くなっている(図表5－6)．ニートは仕事に就いていないからといって，フリーターと比較して不安や不幸に感じる気持ちはそれほど強くなく，むしろ，くよくよ考えず気ままに暮らそうとする傾向が読み取れる．

✦✦ 新卒フリーターの増加

図表5－4に示したように，2002年の大学卒業者の就職者比率(卒業生全体に占める就職者の割合)は56.9％となっており，1990年の81.0％から比較して，24.1ポイントも低下している．逆に，1990年と比較して2002年の大卒者で目立って増加しているのは，フリーター比率(フリーターと就職者に占めるフリーターの割合)である．1990年のフリーター比率は7.4％であったが，2002年には実に31.3％と急激に上昇し，初職が非正規雇用であるものが全体のおよそ三分の一を占めている．

高校卒業者については，大学卒業者と比較して，一層事態はより深刻化している．高校卒業者の就職者比率は，2002年16.8％となっており，1990年の34.4％と比較して，17.6ポイント減少している．また，高校卒業者のフリーター比率は，2002年では38.4％にも上り，1990年の13.1％と比較して，25.3ポイントも増加している．

こうした大学卒業者と高校卒業者に共通してみられる，一方での「就職者比率の低下」と他方での「フリーター比率の上昇」という傾向はどのようにして生じたのだろうか．この傾向を生み出した主な要因としては2つ挙げられる．1つ目は労働力の需要供給のバランスの変化であり，2つ目は新卒者に対する企業のニーズの変化と学生の職業意識や職業能力の変化である．

まず，労働力の需要供給のバランスの変化についてみていこう．労働力の需給バランスの変化をもたらすことになった主な原因としては，労働力供給側では大学進学者数の大幅な増加が挙げられる（図表5－4）．1980年の大学進学者数（短大，通信教育を含む）は45万人であったが，2002年には59万人となり，14万人増加している．他方，労働力需要側では新卒求人倍率の低下がみられる．新卒者の求人倍率については，まず高校卒業者では92年の3.34倍から2003年の1.21倍へと激減し（厚生労働省調査），つぎに4年生大学卒業者では，91年の2.86倍から2003年の1.30倍へと下がっている（リクルート・ワークス研究所「大卒求人倍率調査」）．

つぎに，企業側の新卒者に対するニーズの変化と学生側の職業意識や職業能力についてみていこう．企業側では正規労働者の今後の採用の仕方については，「新規学卒者の採用を中心とする」(42.9％)が4割強あるものの，「新規学卒者を中心としながらも，次第に中途採用を増やしていく」(53.6％)が半数以上を占め，「中途採用を中心とする」(3.2％)は少数にとどまっている（社会経済性本部「日本的人事制度の変容に関する調査」1999年）．こうした企業側の新卒者に対するニーズの変化の背後に，日本型雇用慣行の変化が大きな影を落としている．日経連が示した雇用のポートフォリオ案では，以下に示したように，雇用の形式を「長期蓄積能力活用型」「高度専門能力活用型」「雇用柔軟型」の3類型に区分し，労働者の能力と特性に応じて仕事内容，雇用期間，賃金体系などが異なっている（「新時代の『日本的経営』――挑戦すべき方向とその具体策」日経連，1995年）．

「長期蓄積能力活用型」：新規学卒採用により長期にわたって同一企業グループ内で人材が育成され，従来の長期雇用慣行が適用される．

「高度専門能力活用型」：高い技能を持った人材が年棒制などによって有期雇用で雇用される．

「雇用柔軟型」：専門性や高い技能を要しない仕事について，非正規雇用で一次的に雇用される．

　この3類型の提示は，企業の雇用管理に大きな影響を与え，各企業における非正規雇用者比率の上昇につながった．

　最後に，学生側の職業意識や職業能力については，大学合格率の上昇に伴い，学生の学業能力が全般的に低下するとともに，職業意識の希薄化，専門的能力形成の遅れ，勤労意欲の低下などが問題点として目立ってきている．

✤✤「好きで選んだフリーター」から「やむを得ずするフリーター」へ

　「フリーター」という言葉は，バブル絶頂期の1987年に「フリーアルバイター」の略語として誕生し，「卒業後も夢を実現するため，または生活を楽しむために定職につかないでアルバイト生活を送る若者たち」を指していた．バブル期は，日本国内の人手不足が深刻化しており，正規労働者として働こうと思えば可能であったにもかかわらず，あえて「フリーなアルバイト」を選ぶケースが目立っていたので，フリーターは大企業や組織に縛られずに自己実現をはかろうとする若者たちの一つのライフスタイルや価値観を示す用語として使われていた．

　しかし，現在のフリーターには，バブル期に意味していた「組織に縛られずに自分流の働き方を追求しようとする働き方」という意味合いが薄れてきている．現在フリーターとして働いている若年者に，なりたかった就業形態について尋ねたところ，72.2％が正社員を挙げており，パート・アルバイトを希望した者は14.9％にすぎない（内閣府「若年層の意識実態調査」2003年）．若者たちは，バブル期崩壊後の長期的不況の中，悪化した雇用情勢の影響を受け，パート・アルバイトといった非正規労働に就いている．

　フリーターになった理由にもとづいて，フリーターを類型化すると，「モラトリアム型」「夢追求型」「やむを得ず型」に分けることができる（日本労働研究

機構『フリーターの意識と実態――97人のヒアリング結果より』2000年）．「モラトリアム型」は職業選択を先延ばしにするために，フリーターになったタイプで，「やりたいことがみつからない」「取りあえず進学することよりじっくり考えたかった」といった理由からフリーターを選ぶタイプである．「夢追求型」はやりたいことが見えていて，（それが正社員として雇用される仕事ではないために）フリーターを選んだタイプである．「やむを得ず型」は本人の希望とは裏腹に周囲の事情でフリーターになったタイプである．

　夢を追って修業しながら非正規労働も精力的にこなす者もあれば，やむを得ない事情から仕方なしにフリーターをする者もある．また，やりたいことがよくわからないので，とりあえずフリーターをしている者もいる．フリーターになった動機と事情は千差万別であるが，新卒フリーターの増加に象徴されるように，就職難の中，「正社員になれないからフリーターになる」という働き方が一つの新卒者の就職のスタイルとして定着してきている．

✦✦ 広がる正社員とフリーターの格差

　フリーターと正規労働者の若者の，賃金，仕事内容，仕事意識について比較してみよう．

　まず，賃金については，図表5－5に示したように，正規労働者の賃金は20～24歳を100とした場合，50～54歳まで年功的に上昇するカーブ描いているのに対し，パートタイム労働者はほとんど横這いとなっている．30歳代のフリーター数は，1992年の55万人から2001年の126万人へとおよそ71万人増加しており（総務省「労働力調査特別調査」2002年），今後，30歳代のフリーターが非正規雇用者として働き続けると，不安定就労と低所得のため，子どもの教育や住宅取得の際厳しい状況におかれることが予想される．

　また，仕事内容について，基幹的業務，専門的な業務，定型的な業務，補助的な業務に携わる割合（複数回答）を雇用形態別にみてみると，正規労働者では基幹的業務89.8％，専門的な業務73.6％，定型的な業務57.4％，補助的な業

図表5-5 正社員の賃金は年齢とともに上昇，正社員以外の賃金は横ばい

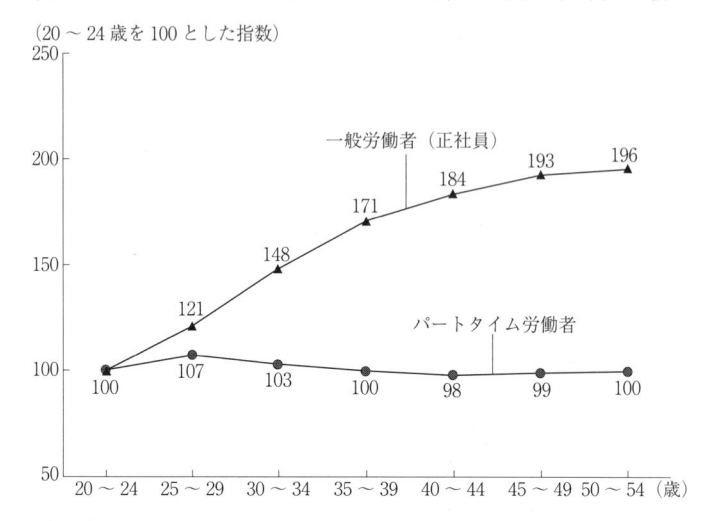

(20～24歳を100とした指数)

一般労働者（正社員）: 100, 121, 148, 171, 184, 193, 196
パートタイム労働者: 100, 107, 103, 100, 98, 99, 100
（年齢: 20～24, 25～29, 30～34, 35～39, 40～44, 45～49, 50～54歳）

（備考）1．厚生労働省「賃金構造基本統計調査」(2001年度)により作成．
2．1時間当たり所定内給与額を20～24歳を100として指数化したもの．
3．「パートタイム労働者」とは，ここでの調査でいう一般労働者以外の就労形態のこと．労働日数または労働時間が一般労働者よりも少ない．

出所) 内閣府編『平成15年版 国民生活白書』ぎょうせい，2003年，p.69

務52.8%となっている．一方，パートでは，基幹的業務7.9%，専門的な業務10.5%，定型的な業務48.5%，補助的な業務61.9%となっている．さらに派遣については，基幹的業務5.5%，専門的な業務27.7%，定型的な業務43.7%，補助的な業務54.6%となっている（日本労働研究機構「労働力の非正社員化・外部化と労務管理に関する調査」1999年）．正規労働者と比較して，パートでは基幹的業務と専門的業務とに携わる割合が低く，若い頃に長期間パートをしていると，職業能力とキャリアとを延ばすことができず中高年を迎えるおそれがある．

次に，仕事意識についてフリーターと正規労働者とを比較してみると（図表5-6），フリーターは「将来への不安がある」(82.3%)，「仕事が面白くなければ辞めればよい」(47.2%)と考える傾向が強く，他方，正規労働者では「より

第5章 岐路に立つ若年労働者

図表5-6 若年の自分や仕事に関する考え方

(％)

自分や仕事に関する考え方	正社員	フリーター	雇用形態	
			パート・アルバイト	無職
自分は幸せだと思う	80.8	72.0	74.8	61.2
将来への不安がある	74.5	82.3	81.4	85.9
仕事より自分の生活を大事にしたい	74.7	75.9	75.5	77.6
豊かでなくても気ままに暮らしたい	72.4	78.4	77.0	83.5
仕事のための勉強は積極的に行いたい	68.8	63.9	62.1	70.6
より専門的・高度な仕事をしたい	59.6	46.9	43.5	60.0
より責任のある仕事をしたい	50.1	36.1	35.4	38.8
仕事が面白くなければ辞めればよい	34.2	47.2	45.0	55.3
無理と思われるくらいの目標を立てる	23.4	26.5	25.2	31.8

(備考) 1．内閣府「若年層の意識実態調査」(2003年)により作成．
2．「あなたは自分や仕事に関する考え方についてどのように思いますか．ひとつひとつについてあなたの考え方に近いものをお答えください．」という問に対し，「あてはまる」，「どちらかといえばあてはまる」と回答した人の割合．他の選択肢に「どちらかといえばあてはまらない」，「あてはまらない」がある．
3．「フリーター」とは，学生と主婦を除く若年のうち，パート・アルバイト(派遣等を含む)及び働く意志のある無職の人．
4．回答者は，全国の20～34歳の男女1,849人．
出所）内閣府編『国民生活白書』ぎょうせい，2003年，p.165

専門的な・高度な仕事をしたい」(59.6％)，「より責任ある仕事をしたい」(50.1％)という傾向が強いことがわかる．正規労働者の若者はフリーターと比較して仕事に対して向上心や積極性をもっている．

岐路に立つ若年労働者を支える試み

若年労働者の置かれた就職状況は長期的不況を反映して依然として厳しいものがある．若者自身は「仕事をすることついてのリアリティ」が乏しいまま，フリーターとなったり，就職を先延ばしして大学進学するケースも少なくない．こうした若年労働者問題は，「若者が甘えているからしっかりすればよい」というレベルの問題ではなく，一国の将来を担う人材育成という国家的課題とし

て認識され始めた．

　2003年，厚生労働省，経済産業省，文部科学省，内閣府の4府省は連携し，今後3年間で若年失業者の増加の流れの転換を目指す「若者・自立挑戦プラン」を策定した．政府がニート対策に本腰を入れ始めたのは，労働力人口が長期的に減少する中，若者が正規労働者として就労せずにニートやフリーターになることより，若者の職業能力の蓄積不足と不安定就労の増大による日本経済の競争力の低下とを危惧し始めたからである．

　このプランの中で，目指すべき社会として，「若者が自らの可能性を高め，挑戦し，活躍できる夢のある社会」「生涯にわたり，自立的な能力向上・発揮ができ，やり直しがきく社会」が提示されている．これらの社会像は，若年者の高い失業率，増加するニートとフリーターという現象に対応しており，「新卒で正社員として働き続ける」という青写真以外に，複合的な就職システムを無業者，失業者，フリーターに対して用意している．具体的には，これまでの「新卒で正社員として働き続ける」という職業ルートから外れた者が，ジョブ・サポーターとの一対一の職業指導，日本版デュアル・システム（週3日は企業実習，週2日は教育訓練といった組み合わせで若者を一人前の職業人にする制度）の適用，トライアル雇用（短期間試行雇用し，その後常用雇用への移行をはかる雇用制度）による就業などを通じて，より安定した仕事へとルート変更できる社会を描いている．この「複合的な就職システム」は，従来の日本の若年労働者政策と比較すると，ある程度の失業率を前提にしたうえで，本格的な就職以前に探索期間を考慮している点，また，無業者，失業者，フリーターといった不安定な生活形態の者が職業教育を受けつつ，本格雇用される柔軟なルートを考案している点において，若年労働者の置かれている現状に即しており，その効果が期待されている．

✤✤「いまここで平等」から「ライフ・チャンスの平等」へ

　世界規模の労働の規制緩和の流れの中で，非正規雇用の増加，サービス経済の進行による非熟練労働の増加により，日本の若年労働者の中では，長期安定

雇用を適用される正規労働者は少数にとどまり，残りは，不安定就労者として派遣，アルバイト，パートなどに就くことが避けられなくなってきている．そうした不安定な仕事では，若者が夢に描くような「創意工夫」に富んだ仕事は少なく，「仕事の意味」「仕事のやりがい」を自分の仕事から捜すのは難しいかもしれない．エスピン・アンデルセン (Esping-Andersen, G.) は，「低賃金，あるいは劣悪な仕事は，もしその体験が一時的なものであれば，個人の福祉にとって脅威とはならない．もし，そこから抜け出せないとなると，それは脅威となる」と指摘し，これからの福祉国家は，これまで福祉国家の「いまここでの平等」から，「ライフ・チャンスの平等」へと目的を変えるべきであると主張している[2]．

「ライフ・チャンスの平等」が社会政策として用意されて初めて，低成長期の福祉国家の中で，労働者は職業キャリアを準備し，展開し，発展させることができる．こうした職業キャリアを構成する職業を通じて，人は経済・社会的な基盤を獲得するだけでなく，アイデンティティを保ち，自己実現がはかれる．しかし，今の豊かな社会で家族に囲まれて住んでいる若者にとっては，「生きるためになにがなんでも仕事をしないといけない」といった思いは，リアリティがないかもしれない．現在，日本でもアメリカと同様に，大学在学中に企業で実際に働くことを通じて職業体験を積めるインターンシップ制度が設けられている．ライフ・チャンスが平等に開かれていたとしても，実際に行動を起こさなければ，望ましい職業キャリアについては何も起きてこないのであるから，皆さんも在学中に是非こうした制度を利用して，職業に対するリアリティを養い，自分の職業適性について考えてみるとよいだろう．

―――――――――――――〔注〕―――――――――――――

1）山田昌弘『パラサイト・シングルの時代』ちくま新書，1999年
2）エスピン＝アンデルセン，G.（渡辺雅男・渡辺景子訳）『福祉国家の可能性――改革の戦略の理論的基礎』桜井書店，2001年，p.20, pp.92-95

〔参考文献〕

河野員博『現代若者就業行動――その理論と実践』学文社，2004年
玄田有史『仕事の中の曖昧な不安――揺れる若年の現在』中央公論新社，2001年
小杉礼子編『自由の代償／フリーター【現代若者の就業意識と行動】』日本労働研究機構，2002年
小杉礼子『フリーターという生き方』勁草書房，2003年
ジョーンズ,G.,ウォーレス,C.,(宮本みち子監訳)『若者はなぜ大人になれないのか』新評論，1996年
内閣府編『平成15年度版　国民経済白書』ぎょうせい，2003年
宮本みち子『若者が《社会的弱者》に転落する』洋泉社，2003年
マーブルブックス編『トーキョー・フリータースタイル――東京に暮らす49人の「時間」と「お金」』マーブルトロン，2004年
安田　雪『働きたいのに…高校生就職難の社会構造』勁草書房，2003年

第6章

キャンパスライフ

† キーターム †

キャンパスライフ　学生生活．キャンパスは，大学の構内，校庭，または学園という意味．大学案内や高等教育の研究用語としては頻繁に使われるが，学生自身は，あまり使用しない．

モラトリアム（モラトリアム学生）　青年が心理的・社会的に成熟するまでの猶予期間．現代社会の問題としては，高学歴化などで，精神的，経済的な自立が遅れ，社会的責任を回避した状態が長引くことをさす．

学生消費者主義　大学は，消費者としての学生のために，教育とサービスを重視するべきであるという考え方，または傾向．大学は学問的研究とそれを担う教員を中心としているという考え方と対を成す．

大学生に勤勉志向? 「厳しく指導を」6年間で10ポイント増

　「勉強しない気楽な大学生」から「勉強に励むまじめな大学生」へ.そんな変化をうかがわせる調査が11日,仙台市の東北大学で開かれた日本教育社会学会で発表された.全国各地の12の国私立大学の学生を調べたところ,「出席を厳しくとるべきだ」「大学は学問の場」「大学の先生は指導した方がよい」と答えた学生が6年前に比べ,それぞれ10ポイント近く増えていた.

　調査したのは,上智大の武内清教授ら.昨年,東北から九州までの12の国私立大学の学生1,923人の回答を得た.その結果を,同じ大学を対象にした97年の調査(回答者1,413人)と比較した.

　対立する2つの意見を示し,どちらが自分の意見に近いかを聞く質問で,「大学での授業も出席を厳しくとるべきだ」「試験やリポートがよければ良い成績を」で「出席を厳しく」と答えた学生が49.6%と6年前より9.3ポイント増えた.「大学は学問の場」「学問よりさまざまな体験をする場」で「学問の場」と答えた学生は49.2%と8.8ポイント多くなった.(中略)

　また,生活の中で学業・勉強の占める比重を4段階で尋ねると,「大部分」「かなり」と答えた学生の合計が55.9%と5.1ポイント増えていた.(以下略)

出所)『朝日新聞』2004年9月12日朝刊

第6章 キャンパスライフ

✧✧ 本章のねらいと調査方法

　本章では，日本の大学の個々の大学生が自らの人生において，キャンパスライフ，つまり，大学生活をどのように捉えているかを探る．言い換えると，大学生たちが，生涯のプロセス（ライフコース）において，大学生活の意義をどのように考えているかを，独自のデータをもとに考えてみたい．

　キャンパスライフについては，数多くの量的調査がすでに行なわれている．たとえば，武内清には『キャンパスライフの今』をはじめ，学生生活・意識について数多くの著作がある．また，民主教育協会による『IDE現代の高等教育』は，近年このテーマについて2回の特集号を組んでいる（「ゆらぐキャンパスライフ」2000年4月号，「いま学生生活は？」2002年4月号）．そのほかに，定期的な統計調査としては，文部科学省による『学生生活調査』，内閣府による『日本の青少年の生活と意識に関する基本調査報告書』などがある．以上のように，詳しいデータは十分に存在する．そこで，本章のための調査として，筆者の関係する国内外の大学の学生を対象に，より一般的，抽象的なテーマについて質問をすることにした．中心となる質問は，「あなたの人生において，大学生活の意義，意味とは何か」である．

　東海地方のS大学を中心に，そのほか比較のために日本の大学1校とアメリカとイタリアそれぞれ2校の大学，ドイツは1校の大学にて，簡単な質問項目をもとにした調査票調査および面接聞き取り調査を実施した．まず，2004年7月にS大学で，筆者が担当した文系学部共通科目やその他ゼミの授業で調査票を配布し，208人から有効回答を得た．学科，学年は在学生の割合にほぼ等しく取れた．その後，7月下旬と9月に，調査票回答者の中から10人を選び，個別に約1時間面接し，調査票の質問をもとにより詳しい回答を得た．さらに，7月と9月中旬に東京郊外のJ大学の学生15名に面接し，同じ調査票の質問をもとに詳しい回答を得た．また，2004年3月には，アメリカ合衆国コロラド州のコロラドカレッジ（私立大学）にて，質問票の原型となる質問リストに基づいて，10人に面接聞き取りをした．2004年8月には，アメリカ合衆国カリ

フォルニア州サクラメント市の市立大学およびイタリアのボローニャとウルビーノの国立大学にて，各々10人の学生に日本語の質問票を翻訳したものをもとに，面接聞き取りをした．ドイツでは9月にハーレー大学で，日本語を専攻する4人の学生から日本語にてメールの回答を得た．

キャンパスライフの定義についてであるが，この用語は4年制および2年制の大学生に限らず，広義には高等専門学校，専門学校，専修学校，大学院，そして高校生の学校生活を含む．しかし本論では，キャンパスライフの対象者を狭くとらえ，4年制大学と短期大学に在籍する学生を念頭において論じる．

本論の分析結果と結論は，主に東海地方のS大学の学生からの調査票の回答と面接聞き取りの結果を踏まえており，他の1校の日本の大学と2校のアメリカの大学，2校のイタリアの大学と1校のドイツの大学における面接聞き取りと調査票のデータは補完的に使用している．とくに海外の大学生から得た回答は，日本のキャンパスライフの特徴を明らかにするための比較データとして使用した．S大学は，2000年に創設された公設民営の大学であり，専門分野は学際的である．学生はほとんど同一県内の出身者であり，女子学生が7割以上を占めている．また社会人聴講生が非常に多い．S大学は，日本の大学の代表的な特徴を持つとはいえない．しかし，地域に根ざし，実学的，学際的な教育内容で，教育を重視しており，比較的おとなしくかつまじめな学生が多い大学であり，その意味で，日本の中堅大学の近未来の学生像を先取りしているといえる．

調査票は基本的な質問が9問あり，それぞれに簡単に記述してもらった．以下が質問である．

1　キャンパスライフという表現を通常使いますか？　　　はい　いいえ
　　使うとすると，どのような意味で使いますか？
2　あなたは大学生として，どのような生活パターンを送っていますか？
　　典型的な一週間を教えてください．

第6章　キャンパスライフ

3　大学生活をよりよくするには，どのようにすればよいですか？
4　大学生としての4年間の経験を得ることになりよかったですか？
5　大学生活でよかったことを幾つか書いてください．
6　大学生活でいやだったことを幾つか書いてください．
7　大学生活は，あなたが期待したようでしたか？期待とは，違いましたか？違っていたら，どのように違っていたか書いてください．
8　大学生活と高校における生活はどのように違いますか？
9　あなたにとって，大学生活とは何ですか？あなたの人生においての大学生活の意義，意味といってもよいです．

❀❀ キャンパスライフの用語と意味

　学生達が実際に「キャンパスライフ」という表現を使うかどうかについてであるが，日本の大学に通うほぼすべての学生が日常生活においては使用しないと答えた．通常は，大学生活とか学生生活という表現をするとの答えであった．「キャンパスライフ」には，華やかで楽しいというイメージや「やりたいことができる大学時代」という意味があり，「夢のキャンパスライフ」とか，「キャンパスライフをエンジョイ」などのように，広告のコピーのような使われ方が一般であり，学生自身が使う場合は，そのような用法を承知の上，ふざけ半分，冗談半分で使うことがあるとの答えが多かった．さらに，イタリアやドイツでも，各言語でキャンパスライフという表現と同様の言葉を使用するかどうか尋ねたが，ほぼ使用しないとの回答であった．アメリカでは，大学案内にはキャンパスライフという項目があるし，また，学生は日常語として使用するという答えが半数ほどあった．そしてその言葉には，日本語の場合のような華やかさは必ずしもない．したがって，日本語のキャンパスライフという言葉は，多くのカタカナ語がそうであるように，まだイメージが先行しており，日常生活において一般的に使われている言葉ではない．

　さらに，キャンパスライフという表現の用法を見てみると，大学の大学案内

では，印刷物でもホームページでも，学生生活にかかわる活動，制度，施設・設備を示す言葉としてよく使われている．具体的には，学生センター，食堂，カフェテリア，スポーツ施設，図書館など，施設・設備など，大学の構内にある施設設備とその利用，サークル・クラブなどの課外活動，その他奨学金や留学制度などについてである．現代の日本の大学には，学生寮や家族寮はあまりなく，アパートであろうと自宅通勤であろうと，大学生の生活のほとんどが，大学という空間で営まれるわけではない．学生にもよるが，大学は通う場所であるとのとらえ方が多く，したがってキャンパスライフといわれても，当のキャンパスから彼らの生活の場所は拡散してしまう．同様に，イタリアの大学は，ほとんどが通学生であり，大学の近辺または近隣地域から通学してくる．またイタリアの大学は，新設の大学を別として，大学の建物が，町の中に分散して存在する場合が多く，明確にキャンパスを独立した地域として区分することは難しい．これはドイツでも同じようなことであるようで，大学のさまざまな建物が分散しており，それをどうにかまとめてほしいとの回答があった．その点，アメリカの多くの大学では寮やアパートの設備があり，学生がキャンパス内で実際に24時間生活しており，キャンパスライフという表現には実質に裏づけされた意味がある．筆者も3年間アメリカの大学学部に在籍し，その後7年ほどの期間，アメリカの大学院に在籍したが，食住施設が大学敷地内に揃っており，キャンパス外に長い時間出るのは，週末や休みの期間中であった．そのような環境では，良くも悪くも，まさに大学生活そのものが，キャンパスライフと同等の意味をもつ実感があった．

✧✧ 大学生活の生活パターン

次に授業期間中のキャンパスにおける，学生の毎日の時間の過ごし方について質問した．S大学では，8割前後の学生が，15回の授業回数の中，平均して12回以上は出席していると答えている．S大学は特に授業への出席率が高いと思われるので，全国的にはこの数値よりは低いであろう．実際，15人に

聞き取りをしたJ大学の出席率はS大学より低く，特に男子学生では，半分以下の出席率も少なくなかった．しかし，近年大学生の出席率は上がっているという印象をもつし，それを支持する調査も多く存在する(コラム参照)[1]．また，月曜日から金曜日は，授業とサークル，遊び，バイトで占められるが，ほぼ毎日，または週に4日は大学に来ており，授業の合間は，図書館や学生ラウンジなどにいて，友人と話したり，レポートを書いたり，インターネットで情報収集をしたりして時間を過ごしている．単位数が足りてきて，就職活動が始まる3年生の後期や4年生は，大学に来る日が減るが，全国的に平均して，授業への出席率の向上に伴い，大学で過ごす時間は増えていると考えられる．

アメリカの2校の調査では，授業の出席率は8割以上との答えが多かった．筆者の学生および教員としての経験を踏まえても，一般的に日本の大学に比べて出席率は高い．反対に，イタリアの大学の出席率は一般的に低い．基本的に出席は重視されず，自習であっても，テストに受かれば単位は出るという評価方法が多い．日本の大学はもともとヨーロッパ型の大学制度をモデルとして作られている．第二次大戦後にアメリカの教育制度が導入され，大学教育の大衆化が進んできても，まだ，カリキュラムや教授法においては，アメリカの大学よりもヨーロッパの大学に近いと感じる点も多い．しかし，日本の大学の大衆化がさらに進み，大学間の淘汰が厳しくなるにつれ，多くの大学が教育を重視するようになっていることは，間違いない．その点，授業出席率については，アメリカの現状に近づいていると思う．学生がより多くの時間を大学キャンパスで過ごし，また，より熱心に授業に臨めば，キャンパスライフが活性化し，大学自体の雰囲気も変化するであろう．

✤✤ 大学生活についての期待と現実，高校との差

次に大学生活についての入学前までの期待と現実について聞いたが，創造していたよりも課題やレポートなどが多く，時間的には予想よりも忙しかったとの答えが多かった．典型的な答えとしては次のような答えがあった．「もっと

遊べると思っていたし，もっといろいろな体験をしたかったが，3年のゼミが終わると，就職活動で忙しく，その後も卒業研究があり，心置きなく思いっきり遊べたのは，入試合格後の3月と，就職内定後の時期くらいだった.」このような学生が，日本の大学生の典型であるかどうかははっきりとはいえないが，最近の傾向としては，コラムに載せた新聞記事にあるように，大学での学習に時間を費やすし，教員にもより厳しい指導を望む学生も増えている.

次に高校での生活と大学生活の違いについて聞いたところ，以下のような答えがあった.「大学は自由であるが高校は規則が多く厳しい．大学は能動的に行動しなければよい結果はでないが，高校は決められたことをすればよく，受動的である.」また，「大学では，一応大人として扱われるが，高校は子供の延長である.」アメリカ，イタリア，ドイツの大学では，大学の授業はまず教養としての知識を増して，次に専門性の高い教育を行なうことにより，キャリアへの準備をするところであるが，高校までは一般的な知識を学ぶところであるとの答えが多かったが，高校までは受身でもよく大学から主体的にならなければいけないという区別はなかった.

✧✧ 大学生活のメリット・デメリットと改善案

次に，大学生活の意味，意義の質問に関連して大学生活のメリット，デメリットについて質問した．メリットについての答えとしては，自由時間が長いこと，そしてそのためにさまざまなことができるとの答えが返ってきた．たとえば，旅行，留学，バイトなどである．アルバイトは収入を得ると同時に，就業体験を得て社会について学ぶことができるという意見も多かった．また，異なる背景を持つ人，同様の関心を持つ人など，たくさんの人（大学，サークル，バイト，ボランティア先など）と会う経験ができて，刺激を得られ，交友関係が広がるという指摘も多かった．また，先生との話や，図書館や情報機器の利用を通じて，専門的な知識を学ぶことができるとの指摘もあった．さらに，社会と学生との間の中間的な時期であり，自由でゆとりのある時期であるとの指摘があ

った．この時期について，モラトリアムの時期であるとの回答もあり，高校卒業後すぐに就職した人たちや高卒のフリーターに比べて，優遇された地位であるとの認識もあった．また，社会人になる前に，人間関係のコツや礼儀を多少身につける事ができるのでよいとの回答もあった．アメリカ，イタリア，ドイツでも，自由に学問ができること，さまざまな分野や現象について，学ぶことができること，旅行など見聞を広める機会があるなどが，メリットとしてあげられた．

　大学生活のデメリットについては，生活面について不規則な生活になり，ともするとサボリ癖がつくとの回答が多かった．とくに一人暮らしの場合は，朝遅く起床し夜更かしをする生活になりがちである．また，高校までのようにクラスという集団がないので，サークル・同好会に属さないと居場所がないという指摘もあった．さらに，メリットとしてのさまざまな人に出会えるという指摘の逆で，ほぼ同世代との付き合いに限定されてしまい視野が狭くなるとの回答もあった．メリットとして，学生としての自由で優遇された立場を享受できるとの回答の裏返しとして，そのような恵まれた大学生としてのステレオタイプで見られてしまい個人個人を見てくれないとの反応もあった．メリット，デメリットの両方を見てみると，自由な立場の表裏があらわれている．主体的，積極的にこの自由を使うとメリットになり，受身的，消極的に使うと，デメリットになるようである．

　次に大学生活の改善方法について聞いた結果として，自主性，チャレンジすること，好奇心，探究心，もっと多くの友人をつくる，もっと経験する，楽しむ，時間をうまく使うなどの答えが返ってきた．自由な環境である大学を，自分の成長のために活用するには，まずは，積極性が必要であると，学生自身はよくわかっている．このような回答は，S大学以外に，他国の大学の学生の回答としても典型的なものであった．アメリカの大学でも，積極的な大学の利用という答えが多くあった．イタリアでは，大学教員の教育への関与を増やすのが必要との答えが多かった．ドイツでは，町の中に散らばる大学の学部図書館

などの施設をまとめると使いやすいとの指摘が4人中2人からあった．イタリアでは，授業が面白くない，一方的，教員は学生の質問にあまり答えてくれないなどの苦情が結構あり，それらの改善が必要との指摘があった．アメリカの大学生にこの質問をしたら，かなり多様な答えがあり，とくに目立つ典型的なパターンは現れなかった．

人生における大学生活の意義

　質問票でもっとも中心的な質問が，ライフコースにおける学生生活の意義についての質問であった．さまざまな答えがあったが，総じて，社会へ出る前の最後の自由時間であり，思いっきり遊ぶことができて，いろいろな経験をして自主性を身につけることができ，知識，教養を得ることにより大きく成長できる時期との捉え方であった．回答を分類すると次のようになる．
1）好きな遊びに熱中したり，趣味に没頭したりする時間がある．
2）進路も含め，特性，適正など自分自身について考える時間がある．
3）友人やさまざまな人との交流ができる．
4）社会人になる前のモラトリアム，余裕，または成熟のための期間．人生最後の自由で楽しめる期間．
5）知識，教養，社会的常識，社会的責任など学ぶ場，価値観を広げる時期．

　以上の回答を，アメリカ，イタリア，ドイツの学生と比較をすると，3点が際立って異なる．1点は，大学は社会に出る前の最後の自由時間であるという捉え方で，就職すると自由がないという考え方である．一言でいうと，大学生活はモラトリアムであるとの認識である．アメリカ，イタリア，ドイツの大学生には，このようなはっきりした学生時代と職業を得てからの人生の区別はほとんどなかった．アメリカ，イタリア，ドイツでも，大学時代は，自由に自分の関心のあることに熱中するという意味での自由はあるが，「人生最後の自由時間」というニュアンスはない．社会人という表現もあまりなく，学生と社会人の区別が日本ほどはっきりとはしていなかった．大学時代がモラトリアムで

ある，またはそうありたいという認識は，日本社会の教育や労働の現状との関係で理解するべきであろう．

　2点目は，日本の大学生の多くが答えた，大学生活での自主性の確立についての指摘である．つまり大学では，カリキュラムの自由度が高い，サークルなどが自主的に運営されているなどにより，積極的に，自立的に判断し行動していかなければならない状況であり，それが自主性，自立性を養う結果になるとの感想である．言い換えると，このような回答が示唆するものは，大学入学前までは自主性，自立性を養う機会がなかったとの指摘である．この点は，今回の調査で話したアメリカ，イタリア，ドイツの学生からは，あまり聞かれなかった．日本以外の3カ国の学生の反応をまとめると，自主性や自立性は，すでに大学教育以前の段階から求められるものであり，大学では，どちらかというと自主・自立をもとにした結果についての責任を問われる時期であるとの反応が多かった．

　3点目は，日本の大学生にとって大学の意義としての勉学の比重が必ずしも高くないことである．言い換えると，日本の大学生にとって，人生経験，人間関係，社交など社会全般について体験的に学ぶことは，勉学・学習と同等，またはそれ以上に重要であることがわかった．このことはある学生の，「大学生活の中身はその活動の重要度の順に，遊んで，友達を作って，バイトして，勉強する」であるとの答えにも象徴される．他国との比較では，筆者の経験からも，アメリカでは，パーティーやレジャーを優先する大学生が存在することは確かであるし，最近のカリフォルニア大学の大規模な学生意識調査では，経済的に恵まれた学生ほど遊びを重視するとの結果も現れている．[2] ただ，少なくとも今回の面接聞き取り調査では，アメリカ，イタリア，ドイツの大学生にとっては，勉学が大学生活の中心であり，遊ぶことと友人は重要であるが，勉学より先に来ると答えた学生はいなかった．

　しかしながら，最近の日本の学生意識調査では，勉学を重視する学生が増える傾向が見られる．[3] 図表6-1「大学生活の重点」にみられるように，大学生

図表6-1 大学生活の重点

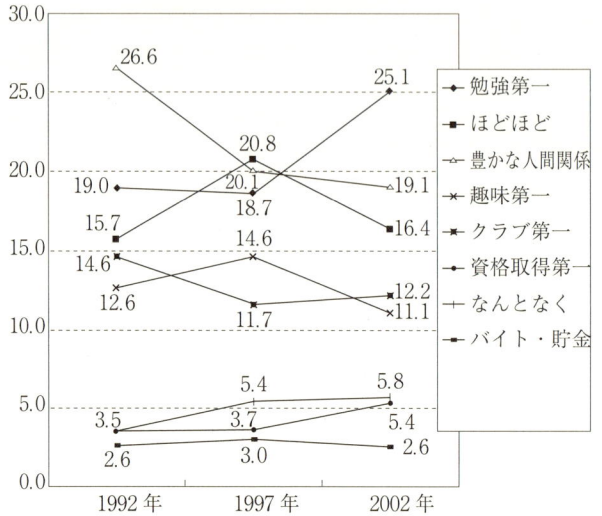

	1992年	1997年	2002年
勉強第一	19.0	18.7	25.1
ほどほど	15.7	20.8	16.4
豊かな人間関係	26.6	20.1	19.1
趣味第一	14.6	14.6	12.2
クラブ第一	12.6	11.7	11.1
資格取得第一	3.5	5.4	5.8
なんとなく	3.5	3.7	5.4
バイト・貯金	2.6	3.0	2.6

出所）武内 清『キャンパスライフの今』玉川大学出版部，2003年，p. 18

活の重点として「勉強第一」を選んだ学生が，1992年と1997年はそれぞれ19％と18.7％とほぼ同じような数値であったが，2002年には25.1％に増えており，逆に「豊かな人間関係」を選んだ学生が1992年は26.6％いて選択肢の中では最も多かったのに，1997年には20.1％，2002年には，19.1％と減少し，「勉強第一」と「豊かな人間関係」が逆転している．この点は，大学授業への出席率の向上と同じような「勉強回帰」ともいえる傾向である．この勉学重視が，大学の教育改革の結果であるか，それとも就職難の反映であるかはよくわからないが，今回の調査の結果では，両方の要素が影響していると推測する．

✤✤ 学生生活と生きがい

筆者は以前，高齢者の生きがいに関する国際比較調査のグループに属し，フィールド調査をいくつかの国で実施し，その結果をまとめた[4]．そこでは，豊か

な生きがいの実感を持つ高齢者は，幅広い人間関係を維持し，若いときからの仕事や趣味などを続けているなどの活動の継続性があり，かつ自分と社会全般について，何らかの理念や世界観をもっている人であるとの分析結果が得られた．この3つの生きがいの要素を，筆者は，ネットワークの充実，ライフコースにおける継続性，そして，豊かな精神性としてまとめた．この3つの要素は，高齢者のみならず，それ以外の年齢層の人々にも当てはまる．ここでは，生きがいの3つの要素の視点を応用して，前節で説明した学生生活の調査結果を考えてみる．

　まず，ネットワークについてであるが，社会的ネットワークの量と質が，個人の生きがいに影響を与えている．社会活動，趣味，地域社会，仕事はもちろん，家族や親類などのインフォーマルな人間関係は，どこの国でも良くも悪くも個人の人生に大きな影響力をもつといえる．一般的にはより広範囲なネットワークをより多くもつ者が，より多くの社会的活動に関わることになり，結果的に生きがいの程度も高くなる．今回の調査では，多くの学生が，大学生活の重要な意味として，さまざまな人と交流し，友人を多く作り，結果として豊かな人脈ができればよいと話していた．まさに，生きがいに重要なネットワークつくりが，この学生生活の意義に重なっていることがわかる．

　小集団の社会的機能が強い日本社会では，このネットワークが，比較的重要な位置をしめる．学生がネットワークつくりに励む実態は，良くも悪くも，その日本社会の特徴を反映している．実際，日本人の学生は，何事でもグループで行動することがよくみられる．この「一人でいるとさびしいので群れる」というような個人行動恐怖症というか，集団依存症のような行動パターンは，勉強の場でも遊びの場でもみられる．毎年4月の学科における新入生の自己紹介では，友達になってくださいという紹介が実に多い．

　次に，ライフコース，または人生，生涯における継続性であるが，ネットワークが自己と他者との関係とすると，ライフコースの継続性は自己が時間を越えて自己と向き合う関係といえる．調査結果をみると，大学生活でいわゆる自

分探し，つまり自分のやりたいこと，特性をみきわめることが，重要であると学生が考えているのがわかった．たとえば聞き取り調査で，次のような回答があった．「大学生は遊んでいるとかモラトリアムであるとかと，世間では非難されることもあるようですが，この時期にじっくりと自分がこれからどんな仕事をしたいのか，どんな仕事が向いているのか，社会で何をしたいのかなどを先生や友人，その他いろいろな人の意見を聞きながら考えてみたいのです．父や兄弟を見ていると，いったん就職すると忙しくなるようなので，この大学時代に，長く続けることができる仕事や趣味を見つけたいです」．大学時代において，自分についての認識を高め，納得のいく職業や趣味が見つかれば，人生における継続性になり，生きがいの充実につながる．

次の要素として，精神性が考えられる．これは哲学的な認識や，信仰などを含めた世界観ともいえるし，人生観ともいえる．精神性の基盤としていわゆる教養が重要になってくる．何か特定の宗教を信じているかどうかというよりも，主体的に自己と世界についてなどを考えることができるかどうかの能力が関連してくる．このような教養は簡単に得られるものではない．単なる情報量とは異なる教養を養う環境があるかどうかが，個人にとって重要である．また，さまざまな新しい知識を得てそれを論じ，自分や社会を相対的に考える能力を身につけ，精神的，知的自由を得ることができれば，ここでいう精神性につながり，生きがいを充実させることになる．

学生からの回答には，このような精神性を高める教養を得ることが重要であるとの指摘が多かった．この点が大学生活の第一の意義としてはあがらなくても，多くの学生が知識，教養，多様な意見と価値観を学び自分を高めたいという欲求を実はもっていることは，聞き取りをしているとじわじわとわかってきた．日本人の学生の場合は，学生生活の意義として，はじめから面と向かっていうのは恥ずかしいとう反応があったが，その欲求があることについては，他国の学生と比べてみても差はあまりなかった．ただ，学生生活で教養を高めたいという潜在的な欲求をもっていても，実際には個別科目の具体的な課題に追

われてしまったり，遊んでしまったりすることが現実のようである．遊ぶときでも勉強するときでも群れてしまいがちで，かつ，学生同士であまり真面目な問題について話し合うようなことはあまりしない．そこで，学びの環境を提供する大学としては，そのような潜在的な学習欲求にできるだけ応えるように努力すべきであるが，教養を高めるような学習体験は，現在多くの大学で行なわれている授業の仕組みでは得ることは難しい．以下に具体的に論じる．

✤✤ 学生生活と履修システム[5)]

　学生を教育する仕組みとしては，教授法，教育施設と設備，そして履修システムの3つの要素がある．教授法については学生による授業評価の導入をはじめ，教学開発（ファカルティ・ディヴェロップメント）として議論がされている．また，施設・設備については大学のハード面の環境として新設大学や新キャンパスを中心に改善が進んでいる．しかし，履修システムについては，セメスター制度の導入，演習的な科目の設定，補講の実施など確かに教育の充実にはつながっているが，全体的なカリキュラムと授業時間割りの仕組みに抜本的な改革がなければ，効果は少ない．主な問題は，セメスター制の中身である．セメスター制に変更したといっても，今までの通年30週分の科目内容を単純に15週分に圧縮や削減し，週1コマで行なっている場合がほとんどである．これではセメスターにした実質的な教育効果の向上はほとんどない．セメスター制度のモデルとなったアメリカでは，17〜18週間で完了するセメスター制が最も一般的な学期制度で，半数以上の大学が採用している．10週間から11週間のクオーター制が残りの2割程度で，その他トライメスター制などがある．ひとつの授業の回数は，だいたい週に2コマ又は3コマが普通である．実態を伴うセメスター制などへ移行すると，必然的に学生が1セメスターに履修する科目数は減少する．アメリカの大学では，1セメスターでは4から5科目，1クオーターで3から4科目が普通である．卒業までに履修する科目数も少なくなるが，卒業要件の単位数は，1科目の単位数が増えるので，大差はない．

図表6−2　大学の授業への評価，満足度（とても＋やや）

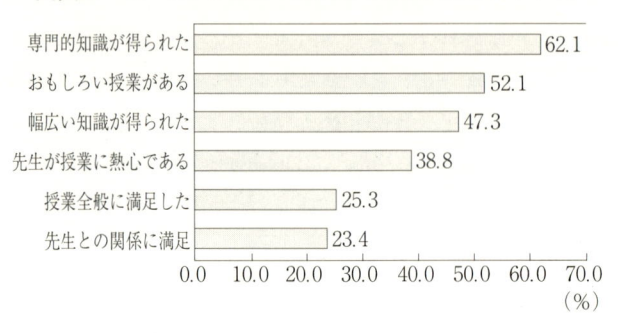

- 専門的知識が得られた　62.1
- おもしろい授業がある　52.1
- 幅広い知識が得られた　47.3
- 先生が授業に熱心である　38.8
- 授業全般に満足した　25.3
- 先生との関係に満足　23.4

（％）

出所）武内　清『キャンパスライフの今』玉川大学出版部，2003年，p. 21

　現在，日本の大学でよくある1科目週1コマの履修システムでは，大学生はアメリカの大学生と比べて，多くの科目を履修するが，各々の科目の実質的な授業時間数は少ない．たとえば，調査したS大学もJ大学も1科目週1コマの履修システムであるが，1講義科目について15週で22.5時間であるのに対して，クオーター制のアメリカの大学では38.5時間である．アメリカの大学で，教員と学生が実際に講義などを通じて接している時間を，コンタクト時間とよぶが，日本の現在の履修システムでは，この時間が決定的に低い．日本の学生は，一般的に，大学教員との関係にあまり満足しておらず，もっとコミュニケーションを取りたいと望んでいる．図表6−2「大学の授業への評価，満足度」をみると，授業の内容については半分くらいが肯定的評価をしているが，授業全般についてと教員との関係については，4分の1程度の学生しか肯定的な評価をしていない．このような評価の違いは，コンタクト時間が短く細切れな日本の履修システムにある．

　一般的な日本の大学生は，週に90分一コマの授業を週1回ずつ10科目近く履修しているが，それは，10冊以上のテーマの異なる本をそれぞれ毎週1回90分ずつ，3〜4か月に渡り，並行して読むに等しい．このような読書方法をする人はほとんどいない．もちろん，授業と読書は異なるが，学習の効率を

考えると，3〜4冊の本（つまり3〜4科目）を，毎週2〜3回読む（学ぶ）ほうが，頭に入るのではないか．単位制度の建前として，学生は授業時間以外にも学習することになっているが，実際，日本の学生の授業外の学習時間についての調査によると，予習・復習をまったくしない学生が大多数である．つまり，授業以外は，レポートや試験の準備以外には，学習しない学生がほとんどであるという現実がある．この事実は，集中による学習の効率をまったく無視したような細切れになった履修システムに大きな原因がある．今のままの履修システムで，キャンパスでの学生の学習意識と学習行動を変えることは難しい．しかし，週に2〜3回の授業回数にして1セメスターに3から4科目のみ履修することにすれば，学生の学習の質は向上し，教育効果も高まる．その結果，学生生活，キャンパスライフにも質的な変化が起きるであろう．つまり，学ぶことに学生生活の中心が移動すると思う．

キャンパスライフの将来

日本の大学生は，大学生活を，就職前の最後の自由な時期と認識し，友人との交友，好きな遊びや趣味にいそしむことでその自由な時間を満喫している．しかし近年，厳しい就職状況や大学の教育改革により，大学の勉学にまじめに取り組む学生も着実に増えている．また，自由な環境で生活するなかで自主性を獲得する学生もいれば，その自由な環境に流されてしまう学生もいる．さらに，知的刺激や教養への欲求も潜在的にあり，大学教員とのさまざまなコミュニケーションを欲している．S大学の学生から得たデータを中心としつつ，他国の大学生との比較も取り入れた今回の調査の結果では，キャンパスライフの主人公である学生の以上のような様子が浮かび上がってきた．

学生消費者主義という表現がある．教育とキャンパスライフというサービスを消費する学生のニーズを踏まえた大学運営の方針という意味である．今後の大学は，学生の生活の舞台であるキャンパスについての学生達自身のニーズを重視する必要がある．しかし，教育は消費とは同一ではない．特に，大学生活

はモラトリアム時代であると捉える学生が多い場合，彼らのニーズに合わせていたら，大学の教育の場としての存在意義が低下する．場合によって，消費者である学生が嫌がること，好まないことも「売り，買わせる」必要がある．学生消費者主義の考えを，必要に応じて選択的に取り入れていきつつ，個々の学生に応じた対応をして彼ら・彼女らの付加価値を在学期間中に高めることが，今後の大学に必要とされることである．特に，履修科目数を減らして授業回数を増やすことにより個々の授業内容の充実を図り，さらに精神性を高める教養教育など，学生の潜在的欲求を満たす授業を増やして，現代の若者により適した教育の仕組みにすることが肝要である．そのような努力によってこそ，学生にとって，より充実した学生生活，キャンパスライフが実現するのである．

〔注〕

1) 「大学生に勤勉志向？」『朝日新聞』2004年9月12日付
2) "Learning and Academic Engagement in the Multiversity: Student Experience in the Research University-21st Century (SERU21) Project," Center for Studies in Higher Education, University of California, Berkeley, 2004, pp. 31-36.
3) 武内　清編『キャンパスライフの今』玉川大学出版部，2003年，p. 18；朝日新聞「大学生に勤勉志向？」2004年9月12日
4) 森　俊太「日常生活と生きがいの関係」高橋勇悦・和田修一編『生きがいの社会学』弘文堂，2001年
5) 履修システムについては，右で詳しく論じた．森俊太「大学教育制度の日米比較——3大学のケース」『一般教育学会誌』第7巻第2号，1995年；「学期制度と教育効果：日米大学の比較」『静岡文化芸術大学紀要』3号，2003年

〔参考文献〕

浅羽通明『大学で何を学ぶか』幻冬舎，1996年
「大学生に勤勉志向？」『朝日新聞』2004年9月12日
『現代のエスプリ』「大学生——ダメ論をこえて」No. 213　至文堂，1985年
静岡文化芸術大学事務局『2003年度　学生生活調査』2003年
私立大学連盟学生部会『ユニバーサル化時代の私立大学』改正出版，2000年
武内　清『キャンパスライフの今』玉川大学出版部，2003年

第6章　キャンパスライフ

内閣府『日本の青少年の生活と意識に関する基本調査報告書』2001年
民主教育協会『IDE―現代の高等教育』特集「ゆらぐキャンパスライフ」vol. 417, 2000年4月号
――『IDE―現代の高等教育』特集「いま学生生活は？」vol. 438, 2002年4月号
文部科学省『学生生活調査報告』2000年
森　俊太「大学教育制度の日米比較――3大学のケース」『一般教育学会誌』第7巻第2号, 1995年
――「日常生活と生きがいの関係」高橋勇悦・和田修一編『生きがいの社会学』弘文堂, 2001年
――「学期制度と教育効果：日米大学の比較」『静岡文化芸術大学紀要』3号, 2003年
"Learning and Academic Engagement in the Multiversity: Student Experience in the Research University-21st Century (SERU21) Project," Center for Studies in Higher Education, University of California, Berkeley, 2004.

第 7 章
消費生活と流行

† キーターム †

記号消費 消費はもはやモノの機能的な使用や所有や単なる権威づけの機能ではなく，コミュニケーションと交換のシステムとして，絶えず発せられ受け取られる記号のコードとして，つまり言語活動として定義されるとしたのはJ．ボードリヤール（『消費社会の神話と構造』）である．現代消費社会において，物は記号として消費され，欲望はこの「記号＝物」への欲望である．

流行 G．ジンメルは多くの人びとと同じでありたいとする同調の欲求と他者との個別化や差異化を求める欲求の二方向のベクトルの作用の中で流行は成立するという．流行の重要な働きは模倣・同調しながら差異化するというスタイルにある．

個計化 家族メンバーが個人のお金をもち自分で管理する傾向をいう．個々の消費者としての家族成員の個別的な生活活動が拡大し，家計消費の性格が個人を単位とする消費，個人の自由裁量に委ねられる消費へと変化した．

「制服」異変

東京都立高校2年生 (16) は，今学期になって「制服」の日が多い．ただし，学校の「標準服」である紺のブレザーとスカート，ではない．別の都立高のセーラー服に，白いカーディガンを羽織って蝶（ちょう）結びのリボンをつけたり，水色のブラウスとチェック柄のひだスカートを合わせたり．「同級生の女の子たちに『今日は有名私立っぽい』とか，『やっぱりセーラーに白カーデだよね』って言われるのがうれしい」……ミニスカートにルーズソックスは，ずっとあこがれだった．「女子高生といえば制服．待ちに待った高校の3年間に，可愛く着こなさなきゃもったいない」

こんな「制服もどき」は，冗談を意味する「なんちゃって」という言葉で広まった．寝坊した朝も服選びに悩まずにすむ手軽さもあり，由香里さんのクラスでは9割が着ているという．……女子高校生の間で制服ファッションが浸透した背景には，女性用アパレルメーカー「イーストボーイ」（東京）の影響がある．3年ほど前に顧客ターゲットを高校生に絞り込み，制服風のワイシャツやスカート，リボン，靴下などを，色や素材別に何種類も作って売り出した．広報プレス担当によると，制服のない高校の生徒が入学前に一式そろえるケースが目立つ．また，制服がある学校でも，下校後や休みの日に「なんちゃって制服」を楽しむ子が多く，「放課後用のリボンがほしい」と買っていくという．……女子高校生対象の調査会社代表の話「なんちゃって制服」の広がりに気づいたのは昨年のことだ．話を聞いて，「制服は今しか着られない」という切迫感とともに，優越感も読みとれた．「女子高生」は一種のブランドであり，その商品価値を彼女たち自身がよく知っている．ここ数年，卒業式シーズンに3年生が「明日からルーズソックスがはけなくなる」と記念写真を撮っていく．……制服はかつて自由を阻む象徴として排除されていった．そうして勝ち取られた「自由」がどこにでも転がっている今，逆に「縛られたい」という心理が働くのだろうか．

出所）『朝日新聞』2003年4月15日付朝刊から

第7章　消費生活と流行

　若者たちは，流行の担い手として議論されることが多い．

　それは，高度消費社会の中で，若者たちに購買力の拡大，流行との接触機会の拡大や差異化志向の浸透といった流行を支える諸条件が揃ってきたからといえよう．本章では，こうした若者たちの消費生活と流行を取り上げてみたい．

✤✤ 消費社会の若者

　現代日本の若者はどのようにして経済的に自立していくのであろうか．

　『未婚化社会の親子関係』は，現代の親子間の経済的関係を図表7－1のように「包摂から離脱へ」の過程としてモデルで示している．子どもが幼い時は，親に扶養され，子どもの経済はすべて親の経済にすっぽり包まれ，子どもは親の経済の範囲内で親の統制のもとにある．親は自分の判断で子どもに必要なものを与え，子どもに自由裁量の余地はない．

　幼少期を過ぎると，子どもの行動範囲は拡大していき，子どもは物を与えられるよりお金で与えられることが多くなり，その金額の範囲内での自由な選択が許される．さらにアルバイトによる収入獲得の機会が増えると，親の統制はいよいよ困難となる．子どもの経済は親の経済の枠を部分的にはみ出していく．

　やがて，子どもが就職して働くようになると，親と子どもの経済は分離していくのである．

　こうした親子の経済的関係の移行過程には，2つの現代的特徴がみられると

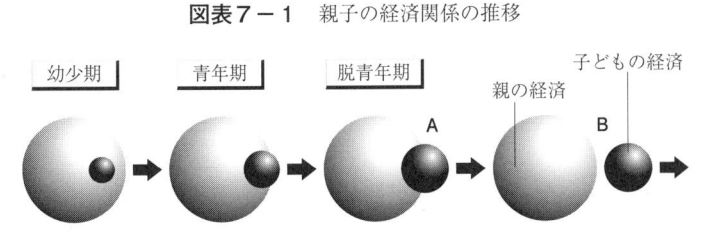

図表7－1　親子の経済関係の推移

出所）宮本みち子・岩上真珠・山田昌弘『未婚化社会の親子関係』
　　　有斐閣，1997年，p.105

いう．ひとつは，高学歴化により親に扶養される期間が長期化し，子どもは経済力を奪われた依存状態により長く置かれる．もうひとつは，養育費が全消費支出に占める割合（「エンジェル係数」といわれる）が増加し，家計から子どもへの支出が格段に増え，子ども自身の消費の規模が拡大していることである．

つまり，現代の子どもは自立をしていないのに経済力をもち，消費者として行動するという特性がある．特に，教育期にある若者にアルバイトの機会が増加し，大学生だけでなく高校生にも浸透しつつある．アルバイトは，かつては家計を助け生活費を得るためであったが，現在では若者の消費水準の上昇に対応する小遣い稼ぎとなった．こうして，現代日本社会では，若者に依存を許すと同時に経済力をもたせることになり，若者は消費者として市場に登場したのである（宮本みち子他『未婚化社会の親子関係』有斐閣，1997年）．

そこで，教育期にある高校生に焦点をあて，若者の消費生活の現状をみよう．

✦✦ 消費者としての若者の登場

まず，高校生は，毎月どのくらいの小遣いをもらっているのであろうか．2003年のNHK『中学生・高校生の生活と意識調査』(以下．NHK調査と略記する)でみよう．

高校生の1ヵ月の小遣いは，「5000〜6000円ぐらい」(35.9%)がもっとも多く，ついで「3000〜4000円ぐらい」(18.3%)となる．6割は6000円以下である．一方，もらっていない高校生も2割弱(17.7%)いる．同じ調査の中学生は4割が「1000〜2000円ぐらい」であるので中学生に比べれば多いが，高校生が親からもらう小遣いの額は決して多くはない．

親からもらう小遣いを高校生は何に使っているのだろうか．

『消費者としての高校生』(ベネッセ教育研究所，2001年)でみよう．

毎月決められた小遣いから出す上位5項目は，「本や雑誌」(72.2%)，「CD・MD」(63.4%)，「友人との外食・軽食代」(59.0%)，「映画やライブのチケット代」(52.3%)，「休日に遊びに行く電車やバス代」(50.8%)である．多くの高校生

にとって,「毎月決められた小遣い」は自分の個人的な趣味や友人関係に使うものとなっている.

一方,学校に関わることや金額のまとまったものは,そのつど親からもらっている.

親からそのつどもらうのは,「学校の教材費」(96.1%),「美容・理容代」(78.3%),「昼食」(75.0%),「参考書や問題集」(72.8%),「部活動関連の費用」(70.0%)である.このほかに「シャツやパンツなどの衣類」(67.8%),「スニーカーなどの靴」(62.2%),「通学定期」(58.0%),「塾・予備校の月謝」(50.7%)などがある.学校・教育関連の費用のほかに理美容代,衣類や靴代はそのつど別にもらっている.したがって,先に見た高校生の毎月の小遣いはそう多くはないが,まとまった支出に対しては小遣いの何倍もの額が高校生に渡されている.理美容,衣類や靴などは実質的に高校生が購買の決定者となっており,彼らが使うお金はかなりの額に達している.

それでは,高校生はどれくらい貯金をもっているのであろうか.自分の貯金をもっているかについては,「貯金がある」と答えたものは71.8%である.貯金の額は,「1～5万円」(30.6%)がもっとも多く,ついで「6～10万円」(23.8%)となる.10万円きざみでみれば,「10万まで」が合わせて54.4%で約半数となる.「10～20万」(23.6%),「21万円以上」(21.9%)といった高額の貯金をもつ高校生も4割いる.

親からもらう小遣いはさして多くはないのに,高校生には高額の貯金がある.両親や祖父母たちからのお年玉やお祝いも含まれているであろうが,主要には彼らのアルバイトによるものと考えられる.

✢✢ 高校生とアルバイト

2002年4月から「完全学校5日制」が導入された.NHK調査では,休みとなった土曜日に何をしたかを聞いている.上位3つは「友だちと遊ぶ」(50.0%),「部活動」(33.9%)と「ゆっくり休む」(27.8%)である.高校生は全体とし

て友だちと遊んだりゆっくり過ごしたりしているが,「アルバイト」も14.4%ある.

　近年,高校生のアルバイトを労働体験という意味から積極的に取り上げる動きもみられるが,アルバイトを原則禁止としている高校は多い.

　『消費者としての高校生』(前掲)によれば,現在アルバイトをしている高校生は6.8%である.学校のあるときにはアルバイトはあまりやっていない.しかし,「これまでにアルバイトで金銭を稼いだ経験があるか」の問いには,31.0%が「ある」と答えている.学期中のアルバイトはそう多くはないが,アルバイトはかなり高校生に拡がっていることがわかる.

　なお,この調査の対象となったのは公立高校6校であるが,高校によってかなりバラつきがあり,同じ調査の中でも都心の高校では現在アルバイト中は21.5%と高率で,アルバイトの経験も53.7%にもおよんでいる.アルバイトの比率は地域や学校別によって大きな差がある.

　1ヵ月のアルバイト代は「2万1000円～3万円」と「3万1000円～5万円」それぞれ30.4%で,「5万1000円以上」は12.8%である.2002年の大学生調査(日本私立大学連盟「第11回学生生活実態調査」)では,「2～4万円」(24.2%)がもっとも多く,ついで「4～6万円」(22.6%)である.高校生でアルバイトをしている者は多くはないが,アルバイトをしている場合は,大学生に匹敵する額を稼いでおり,これが高校生たちの活発な消費活動を支えている.

　高校生のアルバイトは都市部で増加し,高校生の消費水準の上昇を支えるものとなった.基本的な生活を親に保障されたうえで,より高い水準の消費生活を享受することをアルバイトが可能にしたのである.

❖❖ 高校生の持ち物

　高校生が個人で現在所有しているものにはどんなものがあるのだろうか.自分専用のものをたずねたNHK調査でみよう.もっとも高いのは,「携帯電話」で83.9%が所有していると答えている.1999年の総務庁青少年対策本部

の高校2年生を対象にした調査では所持率は58.7%であったから,全国の高校生に急速に普及したことがわかる.そして,携帯電話は,新機種が次つぎと発売され,そのたびに買い換えの消費欲求を必然的に高め,また,使いすぎによる高額請求の問題なども生じさせている.

ついで,高校生の半数が所有しているものを多い順にあげれば,「CDプレーヤーやミニコンポ」,「個室」,「ヘッドホンステレオ(ウォークマンなど)」となる.これに,3人に1人が所有しているものをあげると,「テレビ」,「ゲーム機」,「化粧品」がつづく.

高校生たちは個室にもちこむことのできる,携帯電話,ラジカセ,ステレオ,さらにはテレビ,ゲーム機などの「個電」を多く所有している.

また,カード社会の成立は人びとの商品の購入方法や支払手段に影響を与えている.NHK調査では,自分のキャッシュカードやクレジットカードをもっている高校生の比率は12.1%となっている.この調査ではキャッシュカードとクレジットカードの両方の所有率を合わせて聞いているので,『消費者としての高校生』(前掲)をみよう.高校生がもっているカードは「キャッシュカード」が29.1%である.高学年ほど所有率は高くなり,3年生では4割となる.しかし,「クレジットカード」は1.7%とごくわずかである.高校生であるから親のクレジットカードの家族会員カードであると思われるが,消費欲求が肥大化しがちな年齢の高校生にもカードが浸透しつつあることがわかる.

高校生は自分専用の持ち物をたくさん所有し,家庭内に個人的生活空間を確保し,加えて,キャッシュカードの所持にみられるように家計からの個別化(個計化)が進んでいる.

✤✤ 高校生の消費行動

『消費者としての高校生』(前掲)によると,高校生がよくする消費行動は,「友だちとよく買い食いをする」(51.9%),「おしゃれにお金をかける」(49.1%),「CDやMDなど音楽にお金をかける」(37.0%)である.高校生の消費の対象は,

食べること，おしゃれ，音楽関係である．そのほかには，「コンビニをぶらぶらする」(42.6%)，「ウィンドーショッピングをする」(39.7%) など，消費欲求をそそるような場所へもよくいく．

さらに，買い物意識についてみてみると，「自分で買ったものはできるだけながく使うようにする」(78.8%) と答えており，堅実な消費意識がうかがえる．

しかし，一方では，「欲しいと思ったものをすぐ買う」(51.8%) や「流行のものは必ずチェックする」(51.3%) という比率も高く，買い物に際しては，好みや流行を意識していることがわかる．また，「買い物は気晴らしになる」(全体71.6%，男子57.1%，女子81.6%) や「見た目の豪華なものやかわいいものをつい買ってしまう」(全体36.1%，男子21.6%，女子46.2%) という回答も多い．買い物という行為は単なる経済的行為ではなく情緒的な行為となっており，とくに女子高生にその傾向が強い．

ところで，高校生はどのような情報をもとに商品を購入しているのだろうか．「テレビや雑誌のコマーシャル」をもっとも重視するのは「CD」(65.6%) を購入するときだけで，「シャープペンシルなどの文房具」「シャツ」「ジーンズ」「かばん」「靴」「雑誌」はすべて「店頭でみて購入する」が6～7割を占める．友だちや家族からの情報で購入したり，「何となく」購入することはない．直接手に触れて目で確かめて購入する．これらの商品を購入するときに，テレビや雑誌のコマーシャルや店頭での情報を含めて情報を利用することが多いのは女子高生である．

以上のように，高校生の消費行動は男子よりも女子の方が活発である．ドラッグストアーなどの店頭で商品をチェックしている女子高校生をみかけるが，女子は消費欲求も強く，商品の情報収集も積極的で，商品にこだわりをもち，消費行動の意思決定を自分で行なう傾向が強い．

✧✧ ファッションへの関心

高校生はどんなことに関心をもっているのだろうか．NHK調査では「友だ

ち付き合い」(66.9%)に関心がもっとも高く，ついで「将来のこと」(57.4%)「音楽」(47.2%)，「おしゃれ，ファッション」(45.2%)となる．ファッションへの関心はかなり高く，とくに女子高生では3位となる．

また，してみたいおしゃれを聞くと，「茶髪」(46.9%)がもっとも多く，「人気ブランドのファッション」(42.7%)，「ピアス・リング」(41.6%)，「パーマ」(23.8%)，「口紅・アイシャドー」(20.3%)，「ズリパン（ずり下げズボン）」(8.6%)，「へそ出しルック」(6.7%)となる．ズリパンをのぞけば，どれも女子の数値が高い．おしゃれ願望は女子高校生に強い（ベネッセ教育研究所『高校生白書』，1997年）．

次に，おしゃれに関心が高く，商品の情報収集活動に積極的な女子高校生の読むファッション雑誌に着目してみよう．

女子高校生の2大雑誌といわれる『non-no』と『SEVENTEEN』のうち，制服ファッションの特集をすることの多い『SEVENTEEN』を取り上げる．

現在，日本のファッション雑誌では読者モデルや街頭スナップの特集に人気がある．『SEVENTEEN』も，実際の中学・高校生から専属モデルの募集を行ない，街頭でのインタビュー記事を掲載したりしている．雑誌に載るということは本人のステータスを高め，一方，読者からすれば身近なお手本ともなる．つまり，手の届くあこがれが雑誌の主眼であり，ファッションリーダーはより等身大になってきている（横田尚美編著『ファッションを考える』丸善，2003年，pp. 52-53）．

『SEVENTEEN』の春号は，制服の着こなしについて特集をしている．そこには，学校をこえた女子高生のドレスコードともいうべきものが示されている．

女子高生には「キレイめスタイル」と「ルーズスタイル」の2大スタイルがある．前者は紺のハイソックスを着用し，そのロゴ部分にこだわりをもつ．後者は，ルーズソックスを着用する．ルーズソックスは一度普通にはいたあと，足首部分を靴のかかとに引っかけるというテクニックを用いる（『SEVENTEEN』2004年4月15日号）．

さらに，「スカートはひざ上20cm，セーターはゆったりサイズで，スカート

がちょこっと見えるくらいの大きさが，いい感じ！」である．「機能性◎なバッグにぬいぐるみキーホルダーをプラス」する．こうすると女子高生ファッションができあがる（『SEVENTEEN』2004年4月1日号）．

　雑誌に掲載されている商品はブランドの連絡先が明示されており購入可能である．こうした雑誌編集の仕方は「タイアップ広告」といわれている（横田尚美編著『ファッションを考える』丸善，2003年，pp. 49-52）．実は，これらの商品は服装自由の学校の女子高校生が「制服」として買うという．彼女らは制服のような格好で登校する．「制服もどき」の制服で，「なんちゃって制服」とよばれている（コラム参照）．

　そこには，女子高生は自他ともに認める世の中で一番輝いている存在であるという認識があり，それをアピールするのが制服である．つまり，「女子高生」は一種のブランドであり，これを利用する擬似制服ファッションまでが生まれているのである（宮台真司『制服少女たちの選択』講談社，1997年 p. 128）．

✤✤ おしゃれと校則

　制服のある高校生も制服を決められたルール通りに着たりはしない．制服の規制とおしゃれの間で心を砕いている．

　女子高生が制服のスカートを短くして，その下から体育の時に着用するジャージを見せている．こうした着方は「埴輪」とよばれている（横田尚美編著『ファッションを考える』丸善，2003年，p. 59）．パンツの上にスカートを組み合わせるという重ね着ファッションがあるが，これを制服で試みた場合といえようか．

　こうした高校生の制服の着こなしにも地域差がある．

　大阪では制服のスカート丈はあえて「ひざ下」が最近増えているという（『SEVENTEEN』2004年3月1日号）．

　街頭スナップの女子の通う高校では，スカートの長い子と「東京みたいに」短くしている子が半分ずついるという．その女子高校生はスカートを長くするためにファスナーをあけて腰ではく．安全ピンでとめているから落ちる心配は

ないそうで，これを「腰ばき」という．

　一方，大阪の男子高校生は，制服にニット帽やキャップをかぶるのが男のコのおしゃれだそうである．男子の「腰パン」という着方は，制服のタックパンツをおじさん風のシルエットにならないようにウエストではなく腰ではく．これが男子高校生ファッションである．

　さて，多くの高校生の現実はどうか．

　『消費者としての高校生』（前掲）によれば，日頃，次のようなことがどの程度あてはまるかという質問に対して，「制服をだらしなく着る」に35.6％，「茶髪にしたりパーマをかける」に23.1％があてはまると答えている．

　一方，NHK調査は，規範意識を問うた設問のなかでファッションについても聞いている．「やってはいけない」と思う比率は，「ピアスをする」が21.3％，「口紅やマニュキアをつける」と「髪の毛を染める」がそれぞれ14.0％となっている．高校生は茶髪やピアスなどのファッションを「やってはいけない」と思っていない．実は親の方も同じ考えで，髪型や服装で子どもと意見が合わないという比率は1割程度で，親子の対立もない．

　雑誌『SEVENTEEN』(2004年4月1日号)は，「キビシーからってあきらめるな」と，「校則スレスレのメイクテク」(化粧術)を教える．私立女子高タイプ(メイク全面禁止)と公立・共学タイプ(校則がゆるい，もしくは先生が気づかない)の2つの化粧術を紹介している．そして，「放課後はこんなメイクで出動」と提案する．

　一般に，制服は拘束服であり，個人の画一化，「不自由」のしるしとされる．それを着崩すことは，押しつけられた制服に「抵抗」することである．しかし，制服を着崩す高校生は，それが「抵抗」をアピールすることになることを意識しているのであろうか．おそらく，友だちもそうしているからというのが理由ではないだろうか．みんなと同じという安心感が背後にあるように思われる．それは，着崩された制服もまた画一的な「抵抗」の制服であるところにあらわれている（鷲田清一『ちぐはぐな身体——ファッションって何？』筑摩書房，1995年，pp.

60-81).

✢✢ ブランド消費

　日本におけるブランド消費は隆盛である．高校生で海外ブランドのバッグや財布をもっていると答えた高校生は先のNHK調査では，14.8％となっている．高校生もブランド消費をしている．

　雑誌『SEVENTEEN』(2004年3月1日号)は，街頭スナップ特集で高校生のブランド消費を紹介している．

　まず，女子高生の場合である．「5ヵ月間アルバイトして買った『ヴィトン』のバッグ．¥67000でした‼」「カタチにひとめぼれした『ディオール』のピアス．親にねだって，買ってもらっちゃった．」

　女子高生の場合は，自分でアルバイトをしたり，親にねだったりしてブランドのものを手に入れている．母親との共用のものもある．

　ブランド消費は女子だけではない．男子も負けてはいない．

　「トップスとパンツは『MAVERICK』で購入．ネックレスは『カルティエ』，ベルトは『グッチ』．全部バイトで貯金して買いました．」

　男子高校生は自分でアルバイトをして購入している．

　このように高校生にまで浸透しているブランド品の消費はどのような意味があるのだろうか．

　ブランドは，企業や商品の名前を通じて品質保証や付加価値の表示機能を果たす．しかし，それ以上に，それを身に着けている者の階級について物語る記号である．階級の記号となるブランドは，階級社会では特定の階級にしか所有されないが，明確な階級が存在しない日本社会では，社会における差異化がブランドの象徴性を利用して行なわれうる．自らの生活水準を演出するために，ブランドを選び，その象徴性を用具として用いているのである（南　知恵子「象徴的消費としてのブランド消費—日本人はなぜブランド品を好むのか」化粧文化43，ポーラ文化研究所，2003年，pp.80-85)．

第 7 章　消費生活と流行

　一方，今，人びとがブランドに求めているのはこうした差異化ではなく「納得」であるという指摘もある．それは，言いかえれば，商品に対する人びとの思い入れやこだわりである．とくにモノの背景に存在する「物語性」や「神話性」が消費を左右し，ブランドの価値は「物語性」や「神話性」を帯びるほど高まる．「ビンテージもの」や「レアもの」への愛着はそうした消費である（堀口琢司「消費における神話性」藤竹暁編『現代のエスプリ別冊　消費としてのライフスタイル』至文堂，2000年，pp.221-227）．

❖❖ 茶髪の流行

　さいごに，現代の高校生がもっともしてみたいおしゃれである「茶髪」を取り上げてみよう．

　茶髪という言葉が新聞などで使われ始めたのは1994年ごろのことである．当初は「ちゃぱつ」と読み仮名がつけて表示されることが多かった．以前から「毛染め」はあったが，それは主として白髪染めであった．後に茶髪とよばれるような流行に火をつけたのは，手軽に，好きな色に染められるカラーリン

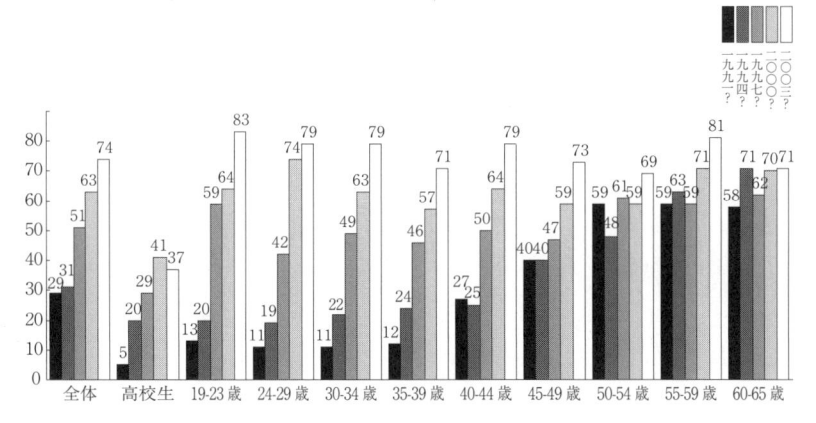

図表7-2　「染毛している人」の経年変化

年齢区分	一九九三年	一九九四年	一九九七年	二〇〇〇年	二〇〇三年
全体	29	31	51	63	74
高校生	5	20	29	41	37
19-23歳	13	20	59	64	83
24-29歳	11	19	42	74	79
30-34歳	11	22	49	63	79
35-39歳	12	24	46	57	71
40-44歳	27	25	50	64	79
45-49歳	40	40	47	59	73
50-54歳	59	61	48	59	69
55-59歳	59	59	63	71	81
60-65歳	58	71	62	70	71

出所）ポーラ文化研究所「アンケートにみる過去10年間の現代女性の髪色観の変化」（2001年），同「現代女性の髪への意識」（2003年）

ス・トリートメントやヘアマニキュアの普及がきっかけで1991年以降のことであるという（村澤博人「髪色観の変化は全年齢に！」『化粧文化39』ポーラ文化研究所，1998年，pp.38-41）．

　ポーラ文化研究所では，15歳から64歳までの女性を対象に1991年から髪色観にかんする調査をしている．「染毛している人」は1991年の29％から3年おきに31％，51％，63％となり，2003年には74％にまで増加している．毛染めの比率は1994年から97年の間の増加が顕著である．50代以降の女性たちでは，1991年には6割がすでに毛染めをしており，この間の毛染め率の上昇は30代までの若い年齢層の茶髪系の染めの伸びによるものであろう（図表7-2）．

　一方，茶髪に関する意識では，「茶髪は似合えばやってもよい」に1997年で76％の女性が肯定し，その後，その比率は2000年には88％，2003年には89％となった．特に，40代以上で茶髪にたいする支持率が増加し，毛染めに対する世代間の意識の差が縮小してきている．茶髪に対しては自己表現の一つとして高い支持が得られており，自分で髪の毛の色を選ぶ時代となりつつある．

　流行現象は，「ある流行項目が人びとによって採用され，拡まり，定着ないし変化・消滅していく過程」であり，一般の普及過程と異なり，人びとがその時点でそれを新奇であると認知するかどうかが重要であるとされる．日本人の洋装のように，流行であったものが一般的な慣習として定着するとある時期から流行とよばれなくなる．これは普及現象とよびうるものである．なぜなら，流行現象とよばれるための新奇であるという認知が消滅しているからである（鈴木裕久「流行」池内　一編『講座社会心理学3　集合現象』東京大学出版会，1977年，pp.121-131）．この観点からは，茶髪の流行は現段階では流行現象というよりも，一般的な普及現象としてとらえたほうがよい時期に入っているといえよう．

　さて，ここで高校生に注目してみると，1997年にはすでに89％が「茶髪は似合えばやってもよい」と答えており，2000年94％，2003年93％とほとんどの女子高生が茶髪を肯定している．しかし，毛染めをしている比率は1991年5％で，3年ごとに20％，29％，41％，37％となっており，年々増加してい

るが2003年では女子高生の10人のうち4人が毛染めをしているにすぎない．19歳から23歳までの女性では毛染め率は83％に達していることからも，高校生の毛染め率が低いのは校則などで規制されているからと推測される．

髪の色を染めることは，若者のツッパリ精神を象徴するイメージがあり，一般に非行と結びつけ，不良・逸脱のしるしと考えられている．したがって，校則などで，黒髪・直毛を規範として髪の毛の色やスタイルを管理・規制する学校も出てきている．

しかし，1990年以降の茶髪の流行が何かを主張していた，あるいは象徴していたかというとそれは明確ではない．たとえば，10代の女性が茶髪にした理由としてあげたのは，「気分を変えたかった」「おしゃれの幅を広げたかった」「髪を軽く見せたかった」などの視覚的感覚的理由である．「流行にあわせたかった」という回答もある．つまり，髪の色を染める理由は見た目のこだわりや視覚的感覚的な理由からである（ホーユー『10代女性のヘアカラーリング実態』1999年）．

ところが，アメリカ社会における女性の髪の型と色は，ブロンド（金髪）にはセクシー・クール・危険，ブルネット（栗色）は知的で家庭的な女性をイメージさせ，黒髪はアメリカ文化では強い個性を意味するという．このように髪の毛の色はそれぞれに対する意味付与がなされ，象徴的な解釈がなされてきている．したがって，ある色に染めるということは，あるイメージを選択することつまり自己表現なのである（成実弘至「ヘアスタイルの政治学」『化粧文化39』ポーラ文化研究所，1999年，pp.16-25）．

しかし，ヘアスタイルもふくめて，日本のファッションは，欧米のファッションの無批判的な追従である場合が多く，意味性やメッセージ性が希薄である．わが国における茶髪の流行も，そういえるのではないだろうか．

───────────〔参考文献〕───────────

NHK放送文化研究所編『中学生・高校生の生活と意識調査』日本放送出版協会，2003年

鈴木裕久「流行」池内　一編『講座社会心理学3　集合現象』東京大学出版会，1977年
成実弘至「ヘアスタイルの政治学」『化粧文化39』ポーラ文化研究所，1999年
堀口琢司「消費における神話性」藤竹暁編『現代のエスプリ別冊　消費としてのライフスタイル』至文堂，2000年
南　知恵子「象徴的消費としてのブランド消費――日本人はなぜブランド品を好むのか」『化粧文化43』ポーラ文化研究所，2003年
宮台真司『制服少女たちの選択』講談社，1994年
宮本みち子・岩上真珠・山田昌弘『未婚化社会の親子関係』有斐閣，1997年
ベネッセ教育研究所『高校生白書』(モノグラフ・高校生vol. 48) 1997年
ベネッセ教育研究所『消費者としての高校生』(モノグラフ・高校生vol. 62) 2001年
村澤博人「髪色観の変化は全年齢に！」『化粧文化38』ポーラ文化研究所，1998年
横田尚美編著『ファッションを考える』丸善，2003年
鷲田清一『ちぐはぐな身体――ファッションって何？』筑摩書房，1995年

第8章

配偶者選択と結婚

† キーターム †

結婚 社会的に承認された男女の性関係。一定の権利と義務が伴った継続関係であり、夫婦は全人格的な関係によって結ばれている。

パートナーシップ 夫婦の伴侶性のこと。夫婦は夫唱婦随の一心同体ではなく、完全に独立した人格相互の協力関係である。夫婦は夫＝父親、妻＝母親であるだけでなく、あくまで1人の男と1人の女である。

パラサイト・シングル パラサイトとは寄生体のこと。それをもじって、親元で独身生活を送る独身者を示す。夫婦関係よりも親子関係が緊密という日本の家族関係の特質に加え、近年の少子高齢化がそれを促進している。

進む晩婚化　少子化に拍車

　女性の晩婚化が進み，平均初婚年齢が26.8歳になったことが28日，厚生労働省の社会保障・人口問題研究所の「第12回出生動向基本調査」で分かった．結婚5年未満の若い夫婦が実際に産む予定にしている子供の数も初めて2人を切り，少子化に一層拍車が掛かりそうな傾向が示された．

　調査は5年ごとで，今回は昨年6月，妻の年齢が50歳未満の夫婦を対象にアンケートを実施．初婚同士の6千9百49組について集計した．平均初婚年齢は夫28.5歳，妻26.8歳と前回の28.4歳，26.1歳を上回り，特に女性の晩婚化が顕著になった．結婚までの交際期間も3.6年と前回の3.4年より伸びた．

　出会いのきっかけは「職場や仕事で」が32.6パーセント（前回33.6パーセント）と依然トップだが，「友人・兄弟姉妹を通じて」が29.7パーセント（同27.1パーセント）と接近．「見合い結婚」は7.4パーセント（同9.6パーセント）と，10パーセントを切った前回調査をさらに下回った．

　理想とする子供数と実際にもつつもりの予定数は，1990年代以降，結婚後5年未満の若い夫婦で減り方が激しく，理想数2.3人（前回2.3人），予定数は1.9人（同2.1人）と2人を切った．

　予定数が理想数を下回る夫婦が挙げた理由は「子育てや教育に金がかかりすぎる」がどの年齢でも多かった．子供をもつ理由は「生活が楽しく豊かになる」が多く，若い層では「好きな人の子供をもちたい」「老後の支えになる」などの回答が目立った．実際の出生数をみると，結婚5年未満の若い夫婦の子供は0.75人で前回の0.71より増え，婚前妊娠の増加をうかがわせた．妻が1960年代に生まれた夫婦は出生の低下が目立っており，同研究所は「この世代は法整備やバブルも重なり，女性の就業率が高かったため」と分析している．

出所）『北日本新聞』2003年5月29日朝刊，共同通信配信

第8章 配偶者選択と結婚

✤✤ 配偶者と出会ったきっかけ

今では恋愛結婚が圧倒的に多くなり，見合い結婚はすっかり影をひそめた．見合い結婚は他人がお膳立てしてくれるが，恋愛結婚はそういうわけにはいかない．第三者の力を借りずに自分で相手を捜さなくてはいけない．

それでは，どこで出会ったかをみると，「職場や仕事で」が一番多く，ついで「友人・兄弟姉妹を通じて」となり，以下「学校で」「街なかや旅先で」「サークル・クラブ・習いごとで」「アルバイトで」と続く．

職場や仕事がらみで知り合って結婚する場合が一番多い．働く女性が増え，男と女が同じ職場で，毎日顔をつき合わせて仕事をすれば恋も芽生える．恋愛は接触の頻度と距離の近接がものをいう．交際はするが結婚にいきつかないカップルもいるが，学校を卒業し年齢的にも結婚適齢期に達しているので，ゴールインするカップルが多い．しかし「友人・兄弟姉妹を通じて」が2番目に多いのが注目される．友人や兄弟姉妹の紹介によって知り合うわけだが，友人や兄弟姉妹という第三者が介入しているので，自分で相手を見つけたわけではない．ただ2人を結びつけた人が，親戚や親の知り合い，職場の上司などから気

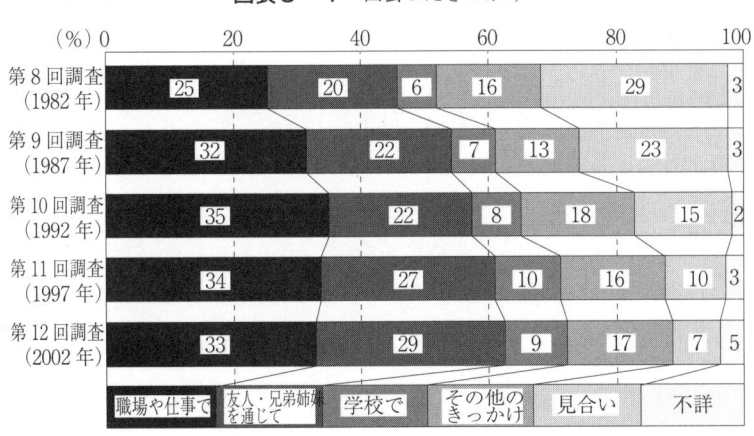

図表8－1　出会ったきっかけ

調査	職場や仕事で	友人・兄弟姉妹を通じて	学校で	その他のきっかけ	見合い	不詳
第8回調査(1982年)	25	20	6	16	29	3
第9回調査(1987年)	32	22	7	13	23	3
第10回調査(1992年)	35	22	8	18	15	2
第11回調査(1997年)	34	27	10	16	10	3
第12回調査(2002年)	33	29	9	17	7	5

出所）社会保障・人口問題研究所『わが国夫婦の結婚過程と出生力』厚生統計協会，2004年，p.34

楽な友人にかわったにすぎない．目上の人から紹介され格式ばって見合いするのは気が進まないが，友人や兄弟姉妹の紹介なら気楽に会えるからである．だから友人の紹介とは見合いの現代版だといえる．裏返せば恋愛結婚が大部分だといえ，厳密に考えれば，身近な異性か親しい他人の力を借りて配偶者とめぐり会うわけである．

✥✥ 配偶者を選ぶ基準

次に男性と女性が結婚相手に求めるものをみてみよう．

男性が相手に求める条件は，「性格が合う」が一番多く，次いで「家庭を第一に考える」「自分にない性格をもっている」「家事ができる」「容姿」と続く．恋愛結婚が大半を占め，家族の情緒機能が強まっていることを反映し，「性格が合う」という精神的な事柄を最も重視している．話が合う，とか，話していて楽しい，などの夫婦の協調につながる事柄である．また「自分にない性格をもっている」が上位にきているが，「われ鍋にとじ蓋」のたとえのように，自分の性格を補ってくれることを求めている．夫婦が仲むつまじく協力しあって，暖かい家庭を築きたいという気持ちのあらわれだが，性別役割が精神的な事柄にまで及んでいるともいえる．それを証拠立てるように，「家庭を第一に考える」と「家事ができる」があげられている．恋人に求める条件と異なり，結婚相手に求めるものは，「男は仕事，女は家庭」という性別役割を反映し，女性に家事や子育てをしっかりこなす能力を求めている．そして「容姿」といった外見的な事柄はそれほど重視されていない．

女性が相手に求める条件は，「性格が合う」が一番多く，「収入の安定」「家庭を第一に考える」「共通の趣味をもっている」「自分を束縛しない」と続く．男性と同様，「性格が合う」が一番多い．男性も女性もいかに夫婦の交流を求めているかがわかる．しかし次に「収入の安定」を「性格が合う」に匹敵するほど強く求めている．いくら愛しあって結婚しても，お金がなくては幸せな家庭は築けないと認識している．男性は2番目に「家庭を第一に考える」を求め

第8章 配偶者選択と結婚

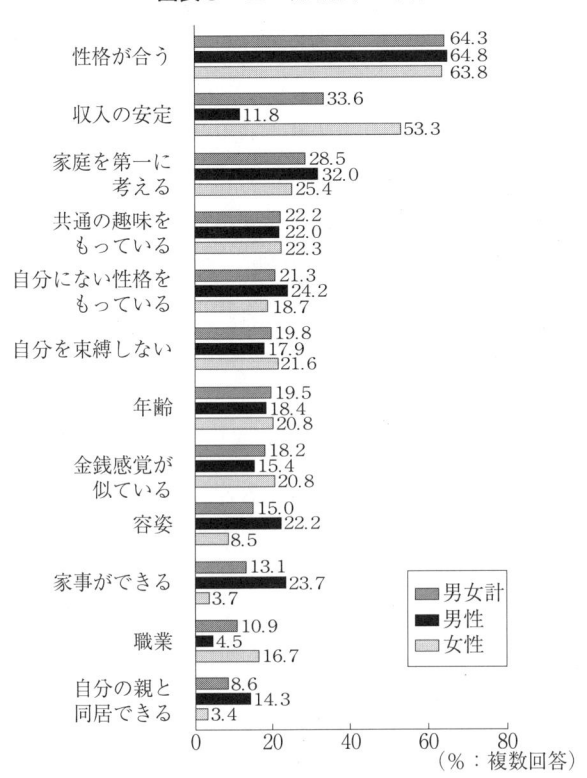

図表8-2　結婚相手の条件

条件	男女計	男性	女性
性格が合う	64.3	64.8	63.8
収入の安定	33.6	11.8	53.3
家庭を第一に考える	28.5	32.0	25.4
共通の趣味をもっている	22.2	22.0	22.3
自分にない性格をもっている	21.3	24.2	18.7
自分を束縛しない	19.8	17.9	21.6
年齢	19.5	18.4	20.8
金銭感覚が似ている	18.2	15.4	20.8
容姿	15.0	22.2	8.5
家事ができる	13.1	23.7	3.7
職業	10.9	4.5	16.7
自分の親と同居できる	8.6	14.3	3.4

(％：複数回答)

出所）内閣府『国民生活白書（平成13年版）』ぎょうせい，2002年，p.16

ているが，女性が2番目に「収入の安定」を求めることは，「男は仕事，女は家庭」という性別役割を結婚したら実行しようという気持ちのあらわれである．しかし，3番目に「家庭を第一に考える」がきている．夫にはたしかに一生懸命仕事に励んで，一家の経済的な大黒柱になってもらいたいが，家庭をほったらかしにしてまで仕事に熱中してほしくない．家庭生活にも気を配り，時には家事も子育ても手伝うマイホームパパを求めている．その気持ちが次の「共通の趣味をもつ」につながる．結婚すればどうしても「男は仕事，女は家庭」に

131

なり，子どもが生まれたら毎日あわただしく過ぎていくかもしれないが，たまには夫婦2人だけの時間を作り，一緒に趣味などを楽しみ，夫婦の協調を保ちたいと考えている．しかし，「自分を束縛しない」が次にきていることが注目される．男も女も結婚すれば何かと束縛されるが，家事や子育てなどで女性が束縛されることの方が大きい．そうした束縛を女性は危惧している．このように，男も女も結婚相手に求めるものは，まず精神的な事柄であり，年齢や容姿といった外見的な事柄ではない．「男は仕事，女は家庭」といった現実的なことも重視されているとはいえ，恋愛結婚全盛時代に見合って，心の絆が重視されている．

✤✤ 結婚とは何だろう

結婚式をあげ，ハネムーンから帰ってくると，2人の新婚生活が始まる．お祭り気分の儀式は終り，地味な日常生活が始まる．2人で築く新たな生活の出発である．

それでは結婚とは何だろうか？　結婚とは第1に，社会的に承認された男女の性関係であり，第2に，その結合関係には一定の権利と義務が伴い，第3に，継続性の観念に支えられた関係であり，第4に，夫婦は全人格的関係によって結ばれている．第1の，社会的に承認された男女の性関係というのは，結婚式を挙げて慣習による承認を受け，さらに婚姻届を役所に提出して法律による承認を受けることである．この2つの承認を受けていれば問題なく夫婦であるが，法律婚主義をとる日本では，結婚式よりも婚姻届が重視され，結婚式を挙げなくても婚姻届を提出すれば，入籍したといって正式な夫婦とみなされる．逆に結婚式を挙げても，婚姻届を提出していない場合は内縁とよばれ，結婚式も挙げず，婚姻届も出していない場合は同棲とよばれる．そして女性が名字を変えたくないので，あえて婚姻届を提出しない場合は，結婚式を挙げようと挙げまいと事実婚とよばれる．第2に，婚姻届を提出し正式の夫婦になると，一定の権利と義務が生ずる．結婚は性関係であるから，まず配偶者と性生活を営む権

第8章　配偶者選択と結婚

利が生ずると共に，配偶者以外とは性関係をもたないという貞操の義務が生ずる．配偶者以外の異性と性関係をもつと不倫とされ，場合によっては離婚沙汰になる．さらにたいてい夫が経済的に妻を扶養し，妻は家事を行い，子どもが生まれると親になる権利だけでなく，子どもを育てる義務が生ずる．また夫婦の同姓や同居などが法律で規定されている．第3に，継続性の観念に支えられた関係であり，恋人時代と異なり相手が嫌になったからといって簡単に別れることはできず，一生添い遂げることが理想とされる．これは子どもを一人前に育てるには長い年月がかかるために，夫婦が父親・母親として子どもを協力して育てなければならないためでもある．第4に，夫婦は全人格的関係によって結ばれている．夫婦は精神的関係，身体的関係，経済的関係，社会的関係などさまざまな関係によって結ばれている．打算を抜きにして，相手と丸ごと結びつき，夫婦であること自体に価値があり，互いにかけがいのない相手となる．

　それでは結婚の機能とは何だろうか？　結婚には，個人の欲求を充足する側面と社会の期待にこたえる側面がある．前者が個人的機能，後者が社会的機能である．この2つの機能は表裏一体の関係にあり，密接に関連している．

　第1に，個人の性的欲求を充足し，社会の性的秩序を安定させる機能である．すなわち結婚した夫婦の性関係だけが社会的に正当なものとされ，個人の性的欲求は結婚することによって満たされる．そして夫婦でない男女の性関係を否定することによって，社会の性的秩序が維持される．

　第2に，子どもが欲しいという欲求を満たし，社会の成員を補充する機能である．夫婦の性交渉によって子どもが生まれると，その子どもが社会の成員として認められる．自分の子孫を残したいという欲求を充足することが，社会の次世代を担う成員を補充することになる．

　第3に，個人に社会的地位を付与し，社会関係を拡大する機能である．結婚すると，一人前の人間として認められ，社会的信用が増し，夫婦が1つの単位としてみられる．たとえば民法では，20未満の未成年であっても結婚すれば成年として扱われる．逆に独身者は半人前扱いされ，さまざまな偏見や差別を

受けやすい．また結婚は1人の男と1人の女の結びつきだが，それぞれ親兄弟・姉妹をはじめとする親族のつながりをもっている．したがって，単に2人が夫婦関係を形成するにとどまらず，双方の親族も姻戚関係に入る．結婚すると夫婦だけでなく，それぞれの家族同士のつながりが生まれる．結婚によって配偶者の家族とのつながりが生まれ，親族関係が拡大され，それぞれの家族は何かと協力し合う．

　これらが社会学的にみた結婚の機能であるが，何となく違和感を感じるのではないだろうか？　その理由は，これらの機能は必ずしも結婚しなくても満たせるからである．第1の性的充足に関しては，婚前交渉が当たり前になっているし，婚外の性関係に対する抵抗感が弱まり，社会の性的秩序は揺らいでいる．第2の子どもが欲しいという欲求も，出生率の低下にみられるように，弱まりつつあり，場合によってはシングルマザーのように，結婚しなくて子どもが産める．第3の社会的地位を付与する機能や，親族関係の拡大に関しても，結婚して一人前という考えは弱まり，結婚するもしないも個人の自由であり，結婚しない生き方も認められつつある．また長男の嫁が嫌われるように，夫の親族との付き合いに煩わしさを感じる女性が多い．勤め人が大半になり，親族関係が拡大しても，かつての農村のように助け合うことは少なくなり，かえって法事などの親戚付き合いに煩わしさを感ずるようになっている．このように，これらの機能は必ずしも結婚しなくても充足することができるし，その機能自体も無意味になりつつある．したがって結婚離れが進んでいるのもうなずける．

✣✣ シングルも素敵

　結婚年齢が上昇し晩婚化が進んでいるが，「結婚しなくても満足のいく生活ができると考える」若者が多い．(『国民生活白書』平成13年度版　2002年　p. 15)．いずれ結婚する気はあるのだが，今すぐに結婚しなくても構わないという意識や，結婚しなくても満足のいく生活ができるという意識の高まりがみられる．
　独身の理由は，男性の場合は「適当な相手に巡り会わない」「必要性を感じ

第8章　配偶者選択と結婚

ない」「自由や気楽さを失いたくない」「結婚資金が足りない」「趣味や娯楽を楽しみたい」である．結婚する気はあるのだが，どうしても結婚したい女性は現れない．妥協して結婚する気もない．バツイチにしろ独身者が首相に選ばれたり，県知事に当選することからわかるように，独身者にたいする偏見は薄れている．家庭電化製品が普及し，スーパーやコンビニも近くにあるので，1人暮らしも苦にならない．結婚して所帯を持てば，自由になるお金も時間も少な

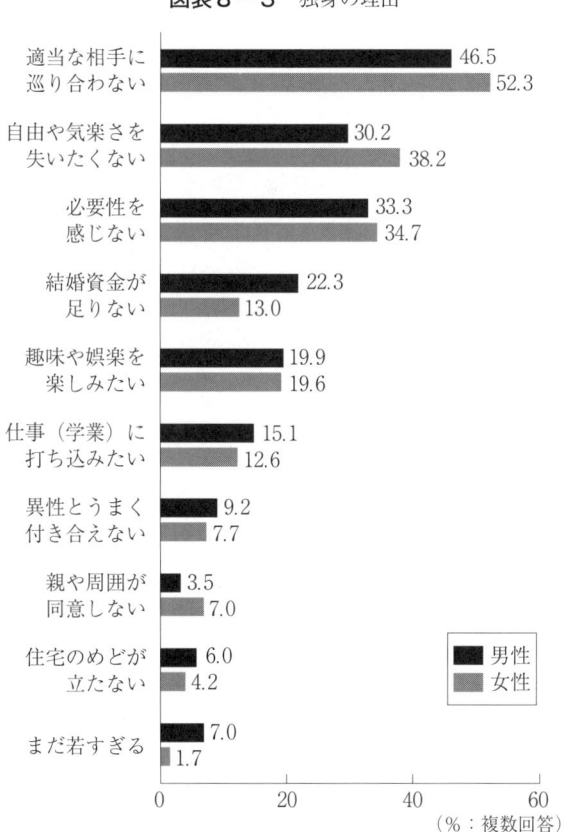

図表8－3　独身の理由

理由	男性	女性
適当な相手に巡り合わない	46.5	52.3
自由や気楽さを失いたくない	30.2	38.2
必要性を感じない	33.3	34.7
結婚資金が足りない	22.3	13.0
趣味や娯楽を楽しみたい	19.9	19.6
仕事（学業）に打ち込みたい	15.1	12.6
異性とうまく付き合えない	9.2	7.7
親や周囲が同意しない	3.5	7.0
住宅のめどが立たない	6.0	4.2
まだ若すぎる	7.0	1.7

（％：複数回答）

出所）内閣府，前掲書，p.16

くなる．貯金が足りず結婚資金が十分でない，という現実的な理由もあるにしろ，お金も時間も丸ごと自分の趣味や娯楽のために使いたい．そのように男性は考えている．

　女性の場合は，「適当な相手に巡り会わない」「自由や気楽さを失いたくない」「必要性を感じない」「趣味や娯楽を楽しみたい」「結婚資金が足りない」である．順序が少し違うだけで，男性の場合と同じである．男も女も結婚する気はあるのだが，お互いに理想が高くなっている．その理想を下げてまで結婚する気はない．結婚すれば必ず幸せになれるとは限らない．結婚して不幸になることもある．不幸とまではいかなくとも，結婚すれば男も女も多少なりとも自由が失われる．1人暮らしにしろ，パラサイト・シングルにしろ，趣味や娯楽に独身生活を楽しんでいるシングルガールほど，その自由さや気楽さを失いたくないと考えている．"結婚は永久就職"という言葉が死語になったように，女性に経済力がついているし，親と一緒に住めば，生活費もかからないので，男に養ってもらう必要はない．そのように女性は考えている．

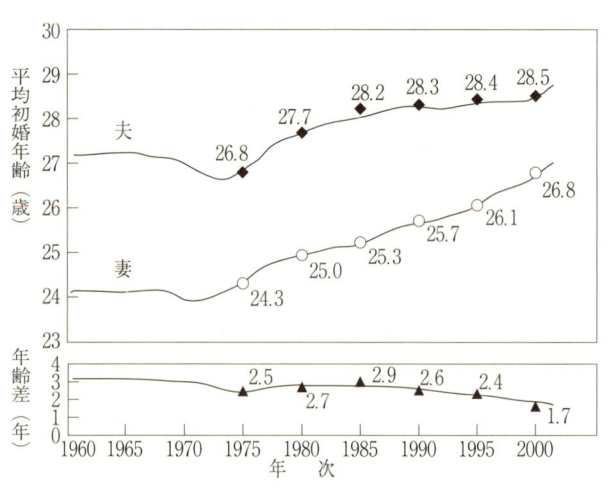

図表8－4　初婚年齢および夫妻の年齢差の推移

年次	夫	妻	年齢差
1975	26.8	24.3	2.5
1980	27.7	25.0	2.7
1985	28.2	25.3	2.9
1990	28.3	25.7	2.6
1995	28.4	26.1	2.4
2000	28.5	26.8	1.7

出所）社会保障・人口問題研究所，前掲書，p.12

第8章　配偶者選択と結婚

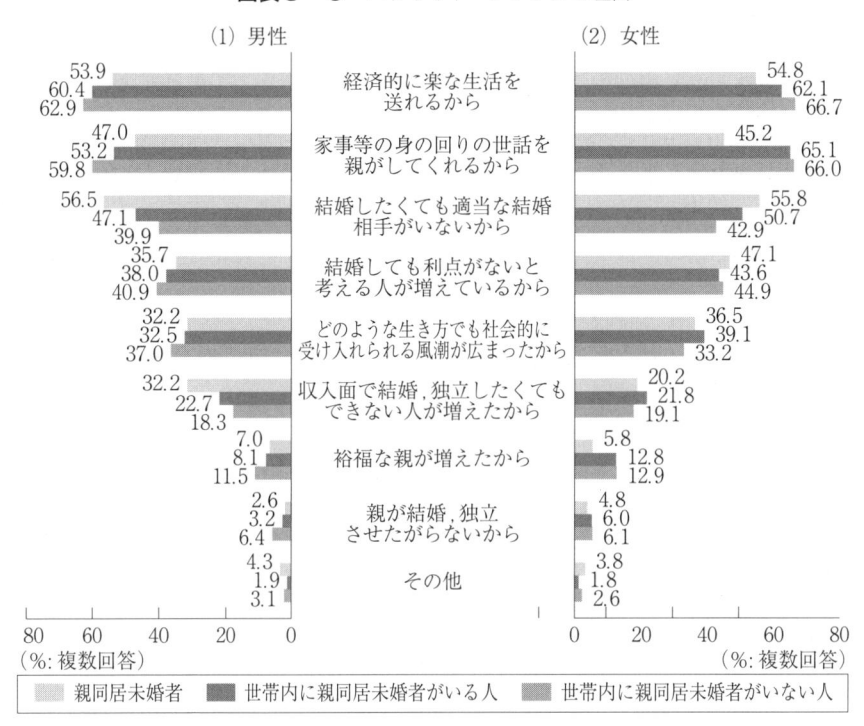

図表8－5　パラサイト・シングルの理由

(1) 男性

理由	親同居未婚者	世帯内に親同居未婚者がいる人	世帯内に親同居未婚者がいない人
経済的に楽な生活を送れるから	53.9	60.4	62.9
家事等の身の回りの世話を親がしてくれるから	47.0	53.2	59.8
結婚したくても適当な結婚相手がいないから	56.5	47.1	39.9
結婚しても利点がないと考える人が増えているから	35.7	38.0	40.9
どのような生き方でも社会的に受け入れられる風潮が広まったから	32.2	32.5	37.0
収入面で結婚，独立したくてもできない人が増えたから	32.2	22.7	18.3
裕福な親が増えたから	7.0	8.1	11.5
親が結婚，独立させたがらないから	2.6	3.2	6.4
その他	4.3	1.9	3.1

(2) 女性

理由	親同居未婚者	世帯内に親同居未婚者がいる人	世帯内に親同居未婚者がいない人
経済的に楽な生活を送れるから	54.8	62.1	66.7
家事等の身の回りの世話を親がしてくれるから	45.2	65.1	66.0
結婚したくても適当な結婚相手がいないから	55.8	50.7	42.9
結婚しても利点がないと考える人が増えているから	47.1	43.6	44.9
どのような生き方でも社会的に受け入れられる風潮が広まったから	36.5	39.1	33.2
収入面で結婚，独立したくてもできない人が増えたから	20.2	21.8	19.1
裕福な親が増えたから	5.8	12.8	12.9
親が結婚，独立させたがらないから	4.8	6.0	6.1
その他	3.8	1.8	2.6

(%：複数回答)

出所）社会保障・人口問題研究所，前掲書，p.22

このように男も女も結婚をあせらず，晩婚化が進行し，夫妻の年齢差が縮まっている．だが一生結婚しないという気持ちはない．いずれ結婚する気はあるのだが，自分の意にかなった「適当な相手に巡り会わない」からたまたま独身なのである．表面上は独身生活を謳歌しているようにみえても，彼らの気持ちは，居心地の良い独身生活と結婚へのあこがれとの間で揺れ動いている．自分の意にかなった相手が現れ，相思相愛になると，結婚に踏み切るのである．

✥✥ 結婚の利点と不利益

それでは結婚の利点とは何であろうか．

男女とも,「精神的なやすらぎが得られる」「人間として成長できる」「一人前の人間として社会的に認められる」をあげた人が多い．なによりも結婚して愛する異性と築く家庭生活に,やすらぎの場を求めている．配偶者や子どもと和気あいあいと過ごす家庭団らんを心の支えとしている．そして配偶者や子どもとの交流を通して,夫＝父や妻＝母として人間的に成長していきたいと願っている．また結婚して一人前として社会的に認められ,自信もつく．

　「周囲の期待に応えられる」もほとんど男女差が見られないが,やや女性の方が多い．女の幸せは結婚とか,適齢期のうちに結婚すべきだという考えはすたれたとはいえ,親など周りの年長者にはそういう考えが強い．

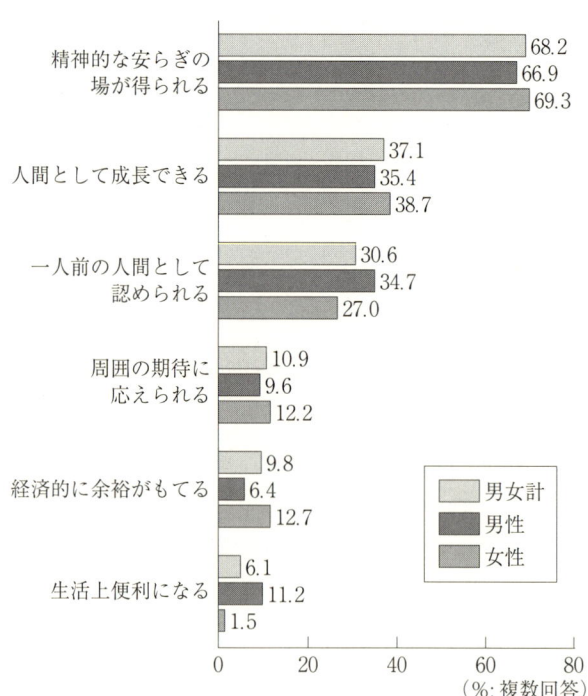

図表8－6　結婚の利点

項目	男女計	男性	女性
精神的な安らぎの場が得られる	68.2	66.9	69.3
人間として成長できる	37.1	35.4	38.7
一人前の人間として認められる	30.6	34.7	27.0
周囲の期待に応えられる	10.9	9.6	12.2
経済的に余裕がもてる	9.8	6.4	12.7
生活上便利になる	6.1	11.2	1.5

(%: 複数回答)

出所) 社会保障・人口問題研究所, 前掲書, p.14

それに対し「経済的に余裕がもてる」と「生活上便利になる」は男女差が大きい.「経済的に余裕がもてる」は女性,「生活上便利になる」は男性が多い. 女性が結婚後も仕事を継続しても,あくまで夫が一家の稼ぎ手であり,夫は妻に身の回りの世話をしてもらうことによって仕事に専念できる.「男は仕事, 女は家庭」が背景にでんと控えている.

では結婚の不利益とは何だろうか. 一番多い「やりたいことの実現が制約される」は男女差は少ないが,「自由に使えるお金が減ってしまう」は男性,「家事・育児の負担が多くなる」は女性が多い.

男も女も,結婚すると仕事であれ,趣味や娯楽などの余暇であれ,何かと束

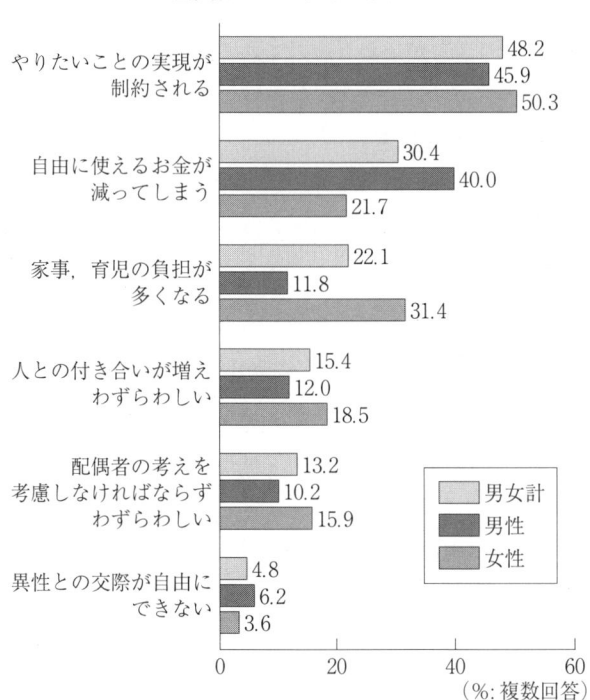

図表8－7 結婚の不利益

項目	男女計	男性	女性
やりたいことの実現が制約される	48.2	45.9	50.3
自由に使えるお金が減ってしまう	30.4	40.0	21.7
家事,育児の負担が多くなる	22.1	11.8	31.4
人との付き合いが増えわずらわしい	15.4	12.0	18.5
配偶者の考えを考慮しなければならずわずらわしい	13.2	10.2	15.9
異性との交際が自由にできない	4.8	6.2	3.6

(%: 複数回答)

出所) 社会保障・人口問題研究所, 前掲書, p.14

縛される。独身にとどまっている「自由や気楽さを失いたくない」の裏返しである。男性は妻子を養うために稼いできた給料をほとんど使ってしまい、自分のこづかいはスズメの涙程度である。女性はあくせく働かなくてもよいかもしれないが、炊事や洗たく、掃除、子育てに追われることになる。「人との付き合いが増え、煩わしい」と「配偶者の考えを考慮しなければならずわずらわしい」はやや女性が多い。たしかに結婚は1人の男と1人の女の結び付きだが、それぞれの親兄弟・姉妹ともつながりを持つ。女性は長男と結婚すると、何かと夫の両親と付き合わなくてはならない。しゅうと・しゅうとめと同居しなくても、夫の妻よりもイエの嫁としての心構えや振る舞いが求められる。夫の気持ちだけでなく、しゅうと・しゅうとめの気持ちを察し、それに応えるように振る舞わなくてはいけない。妻は夫やしゅうと・しゅうとめに常に気配りしなければならない。そのことが煩わしいのである。

✢✢ パートナーシップの大切さ

　今や恋愛結婚が大部分を占め、見合い結婚がますます減っている。赤い糸に導かれて2人が出会い、デートを重ねるたびに愛情が深まり、2人が固く結ばれてゴールインするのが理想とされる。恋愛結婚は、誰の力も借りずに自分で相手を見つけ、結婚することを決めるのも本人である。知り合うきっかけも、最後の決断も主体的になされ、愛情の深さが何よりも決め手となる。個人本位であり、精神的な事柄が重視され、幸せな結婚生活が思い描かれる。

　しかし、みんなから祝福され、華やかな結婚式を挙げたカップルが必ずしも幸せになるわけではない。成田離婚のように、ハネムーンから帰国したとたんに離婚するカップルもいれば、いくらか結婚生活を送った後に別れることもある。それでは、幸せにあふれて新婚生活を始めたのに、なぜ結婚生活が破れたのであろうか？　その理由は、恋愛の相手と結婚相手は同じであっても、恋人時代と夫婦になった時とでは、2人の関係に変化が生じたからである。よく結婚式と結婚生活は混同される。結婚式は華やかに挙げられるので、結婚生活も

幸せなものになると考えられがちだが，浮かれ気分の結婚式を挙げ，甘いハネムーンから帰ってくると，地味な家庭生活が始まる．毎日が同じことの繰り返しであり，やがて子どもが生まれると，子育てにてんやわんやの日々が始まる．男は結婚しても子どもが生まれても，それまで通り仕事を続けるが，女は自分が主役になる結婚式が終ると，専業主婦になった時はもちろんのこと，仕事を継続していても，家事を毎日こなさなければならない．「男は仕事，女は家庭」という性別役割が2人に重くのしかかる．そのうち日々の忙しさに追われ，恋人時代の燃え上がるような恋心はしだいに薄れていく．

そこで大事になってくるのは夫婦のパートナーシップである．パートナーシップとは同伴性とか伴侶性である．夫と妻が一人の人間として相手を愛し，慈しみ，尊敬しながら日々の生活を送ることである．時には夫婦関係に波風が立つことがあるが，新婚期，子育て期，子離れ期，高齢期をつつがなく乗り切ることである．それには，つかず離れず風通しのよい夫婦関係を築く必要がある．自立と依存の微妙なバランスの上に幸せな結婚生活がある．「1人になれない人はけっして2人になれない」というが，「人」という字が示すように，人間はお互いに支えあってこそ社会生活を送ることができる．しかしその支え合いはけっしてもたれ合いではない．いざとなれば1人で立つこともできるのである．人間は1人であることを認識しつつ2人で生きる決意を示すのである．結婚すれば悲しみは半分に，喜びは倍加するといわれるが，反対に悲しみは倍加し，喜びは半減する結婚生活もある．そうならないために，夫と妻が常に心と身体の交流を保ち，夫婦の絆を強めるよう努力しなければならない．

「夫は仕事，妻は家庭」の性別役割に安住するのではなく，夫も家事，子育てを行ない，妻も仕事を行なうことによって，相手の立場が理解できるようになり，夫婦の協調性が強まる．加えて夫と妻の価値観が似ていることが長丁場の夫婦生活をもたせる秘訣である．子育て期は毎日慌ただしく過ぎ去り，夫婦が向かい合うことは少ないが，子供が成長し，巣立っていた後には夫婦だけで生活する空っぽの巣の期間が長く横たわっている．その長さにうんざりし，離

婚する夫婦が増えている．離婚を切り出すのはもっぱら妻の方である．長年，夫や子供のために粉骨砕身してきたので自分にも定年がほしいといって離婚話をもち出す．夫が仕事にかまけて妻との交流を怠ってきたつけが突きつけられる．"男やもめにうじがわき，女やもめに花が咲く"というたとえどおり，高齢期を妻に去られて過ごす男はみじめである．そうならないために，結婚相手を選ぶときは，一時の熱情にかられるのではなく，長期的な展望に立って選ぶことが肝要である．夫婦は夫であり，父であり，妻であり，母であるが，何よりも1人の男と1人の女であることを肝に銘じ，配偶者を選ばなければならない．"恋は落ちるもの，愛は続けるもの"なのである．

〔参考文献〕

望月 嵩『家族社会学入門』培風館，1996年
山田昌弘『パラサイトシングルの時代』ちくま新書，1999年
東京女子大学女性学研究所編『結婚の比較文化』勁草書房，2001年
棚村政行『結婚の法律学』有斐閣，2000年
比較家族史学会監修『恋愛と性愛』早稲田大学出版会，2002年
山中 進『女と男の共同論』成文堂，2003年
信田さよ子『愛しすぎる家族が壊れるとき』岩波書店，2003年
石井希尚『ホントにこの人と結婚していいの？』主婦の友社，2004年

第9章

若者ことばはどのようなコミュニケーションか

† キーターム †

若者ことば　若者語．学生を中心とする「キャンパスことば」「学生語」，企業で働く若い女性のことば「OLことば」などとも重なる．特に，女性が若者ことばの話し手となることが多い．言語規範や社会，文化規範にしばられない特有の語や言い回しが主で会話促進・娯楽・連帯・イメージ伝達・隠蔽・緩衝・浄化などの機能をもつ．地域，時代，個人によっても一定ではない．これが社会全体に広がると「流行語」とよばれる．ことばの変化という観点からみた「新語」には，「若者ことば」が多く含まれる．

ディスコース　ことばを使うことを社会的影響のある行為，そして話し手と聞き手が互いにかかわり合う行為として捉える概念．言語を用いる行為は，社会における権力関係や社会的価値，信念などに影響を受けつつ行なわれる．また言語を使うことは，社会関係や社会規範に影響を与えてもいるとみなされる．発話，談話，言説，知などと訳されることもある．

ジェンダー・イデオロギー　「女／男とはこのようなものである」という「性」に関する信念・知識・常識を指す．ジェンダー規範ともいう．ジェンダーに関して語られたディスコース（言説・知）の累積により特定の社会において歴史的に作り上げられてきたさまざまな女性性，男性性，無性性，両性性（ジェンダー・アイデンティティ）によりつくられたイデオロギーを指す．

若者ことば

「かじ，今日ヒマ？」
「それ聞いたらあかんやろ．私，万年ヒマーズやねんから．あれ？　今日バイトないん？」
「うん．今日ほんまはかてきょの日やけど，若者ことばの会行きたいからキャンしてもらってん」
「あ，よねピーのんあれってどこやたっけ？」
「あれ高槻であんねんけど，私，高槻ってあんまりよう知らんねん」
「高槻やったらまかしといてや．バリバリジモティやし．私もぱんきょぶっちして行くわ」
「まだぱんきょとってのかいな．出んでええん？」
「かまへんねん．どうせあの授業しけしけやし」

万年ヒマーズ　年中暇な人たち	ジモティー　地元の人．ジモピーとも
かてきょ　家庭教師	ぱんきょ　一般教養科目
キャン　キャンセル	ぶっちする　授業をさぼる
よねピー　米川明彦氏の愛称	しけしけ　退屈
ばりばり　生粋の	

出所）米川明彦『現代若者ことば考』丸善，1996年，pp. 4-9より

第9章　若者ことばはどのようなコミュニケーションか

　人は，ことばを話すことによって一体何をしているのだろうか．ことばとは単に物に名前をつけることではない．人がことばを使う行為は，他の人との社会関係，さらには社会規範に影響されつつ言葉を発する者がコミュニケーションをとることでアイデンティティを再編成する行為である．本章では，「若者ことば」を事例として，若者がことばを使うことでどのようなコミュニケーションを行なっているかを考えていく．

　まず，「若者ことば」の成り立ち，コミュニケーションの特徴，及びそれが生まれた社会背景を概観する．「若者ことば」を取り上げたのは，若い世代がことばを通して社会とどのような関わりをもっているかを考えるためだ．

❖❖ 若者ことばとその造語法

　「若者ことば」とはどのようなことばを指すのだろうか．1990年代から若者ことばを研究している米川明彦は次のように定義している．「若者語とは中学生から30歳前後の男女が，仲間内で，会話促進・娯楽・連帯・イメージ伝達・隠蔽・緩衝・浄化などのために使う，規範からの自由と遊びを特徴にもつ特有の語や言い回しである．個々の語について個人の使用・言語意識にかなり差がある．また時代によっても違う．若者ことばともいう」[1]　以下，関西の大学を中心に米川が集めた「若者語（ことば）」を例に，そのコミュニケーションの意味について考えてみよう．

　まず，若者はどのようにしてことばを造るのか．若者ことばの造語法は大きく分けて，既存の語とは無関係な新語を造語する方法と，既存の語を利用して新語を造語する方法の2種類に分かれるという．まず，まったく新しい語をつくる場合は，マンガなどの擬音語・擬態語・擬声語などにみられるものと共通するものも多い．冒頭のコラムで引用した例では，「バリバリ」と「しけしけ」が該当する．「バリバリ」は「生粋の」という意味だが，より広く意味を強調する際に用いられる．「しけしけ」は，つまらないという意味でくさすときに用いられる．いやな感じがするときに用いる「ゲロゲロ」や，心が弾んだ

時に使う「ルンルン」，力がみなぎっている時に使う「ギンギン」なども同様に，同音を繰り返すことによってリズミカルで音のおもしろさが身上である．若者は会話を楽しむことから会話の「ノリ」をよくするために好んで使われる．

一方，既存の語を利用した新語には，語句の一部を省略する方法が多く用いられている．「キャン」は，「キャン（セル）」の後ろを省略したものである．「かてきょ」は，「かて（い）教（師）」という複合語の各構成要素「家庭」と「教師」の後ろを省略したまま組み合わせたものである．「ぱんきょ」は「（一）般教（養）」のうち，「一般」の前半と「教養」の後半を省略し，それぞれの後半と前半の要素を複合させた語であり，言いやすくノリがいい表現といえよう．同種の一部省略表現には，「バイト」（「（アル）バイト」），「朝一」（「朝一（番）」），「自己中」（「自己中（心）」），「ぱんピー」（「（一）般ピー（プル）」），「プリクラ」（「プリ（ント）クラ（ブ）」），などのよく耳にすることばが含まれる．このように，若者ことばには，省略法が多用されている．それには，現代社会がスピード化しており，若者には特に，スピードやテンポのある会話が求められることや，若者が会話を楽しむことなどの理由があるという．

一方，「ジモティー」は，「地元」という漢字のことばと，employ'ee'などのように，人をあらわす英語の接尾語である-eeを付けた語である．他に「オタッキー」（オタクのような人）などの例がある．同様に，語尾に人をあらわす英語の接尾語である-erをつけた用法には，タカビー（高飛車な人），キモティ（気持ち悪い人）など，仲間の特徴をあからさまではなく言い表すためのものや，「アムラー」（安室奈美恵のファッションなどを真似している人）や「シャネラー」（シャネルブランドの愛好者）などトレンドを言い表すものがある．いずれも「のような人」というのを省略でき，テンポ良い会話ができる．しかも，英語っぽく聞こえるために，緩衝機能や隠蔽機能があり，あからさまに他の人を批評し相手の感情を害したり傷つけたりするのを避けて，辛辣にとられないように批評を行なっているのだ．

また，「辛口トーク」などのように，辛口と英語のトークの複合語もある．

辛辣な批判や厳しい発言をさすが，それを緩和する効果をもつ．一方，「ぶっちする」は，「する」を衝けてサ変動詞をつくる方法であり，さぼる，約束を破るという意味であるが，軽い調子で悪い意味が薄れたものとして使える．喫茶店などへ行くという意味の「お茶する」も同様の造語法である．

また，「ヨネピー」は，米川という名前の語尾の音をピーに変えていうもので，ノリピー（酒井法子），「うれピー」（うれしい）などのように，組み合わせた際の語呂の良さと，名前を愛称でよぶことで相手に対する親近感も表わしている．

「若者ことば」には人をあらわす新語も数多いが，「アッシー君」（足代わりに車で女性を送迎する男性），「ミツグ君」（女性に貢ぐ男性），「キープ君」（本命の男性が現れるまでのつなぎの男性），など語尾変化もあれば，新語やもじったことばなどもある．「若者ことば」の造語法は，独創的かつ多様である．

✤✤ 若者ことばの特徴：緩衝装置つきのコミュニケーション

若者ことばは，大学生などのキャンパスことばか，若いOLが仲間内で使う（多くは社内）特有のことばを指すことが多い．ただし，仲間うちで使われていたものがマスメディアに載ったりして一般に広がっていく場合も少なくない．「アッシー君」や「ミツグ君」など女性に仕える男性を指す用語は，そのネーミングのおもしろさや世相をあらわすことからマスメディアが積極的に取り上げ，一般によく知られるようになった．では，「若者ことば」はどのようなコミュニケーション機能をもつだろうか．

「若者ことば」は，仲間内でのみ使うために，会話に笑いを生じさせる娯楽機能や会話の「ノリ」を楽しむ会話促進機能をもつ．その他，「若者ことば」機能には「緩衝装置つきの批評」があるという．具体例をみてみよう．

　まさこ「文夫ってセーラームーングッズを集めてるらしいで」
　あつこ「あの子，かわった子やなあ」
　まさこ「ほんまにオタッキーやわ」

あつこ「あんまり近づかないほうがええなあ」

「オタッキー」は，先に述べたタカビー（高飛車な人），キモティ（気持ち悪い人）など仲間の特徴をあからさまではなく言いあらわすための表現である．相手へのネガティブな批評を英語や，音のおもしろさを活用したりして相手に与える悪感情を和らげた上で言いあらわす「辛口トーク」である．自ら傷つけられることを避ける若者は，他者に対してもネガティブな批評に緩衝装置をつけたコミュニケーション方法をとっている．それは，自ら思いを発することで，相手に対する不快な感情を発散させ，浄化する機能をももつ．このように「若者ことば」には，人に関してマイナス評価をする表現が多く見られるが，いずれも，他者を直接的に批判する表現ではなく，語呂のよさや発音のおもしろさなどによって工夫を凝らし，「ノリのよいことば」を生みだしている．それによって，聞かれてもなんとか切り抜けられる範囲のネガティブ表現に抑えることになっている．

「自己中心的」といわず「自己中」といい，「不器用」といわずに「ブッキー」，「変な子」といわずに「ヘンコ」といえば，いずれも冗談ぽく聞こえ，とげとげしさがない．直接いわれても許せるという範囲であろう．いずれも，相手を打ちのめしたりしないように工夫を凝らしている．現代の若者は，傷つきやすいといわれるが，「若者ことば」とは，そうした若者気質を反映したコミュニケーションである．相手を傷つけないことによって，自らにも返り血を浴びないよう周到に配慮をした上で，いいたいことは我慢せずいう緩衝装置つきのコミュニケーションは，なかなかよく練り上げられた若者文化といえよう．

✢✢ 女性主導の「若者ことば」とその社会背景

「若者ことば」という言葉だけ聞くと，男子学生を頭に思い浮かべるかもしれないが，「若者ことば」の主たる推進役は女性であるといわれる．「OLことば」や女子中学生のことばといわれる「コギャル語」なども「若者ことば」に

第9章　若者ことばはどのようなコミュニケーションか

含まれることがある．なぜ，新しいことばをつくる主力が若い女性なのだろうか．

　米川によれば，女子大生の用いることばの方が表現と内容において男性らにまさっているからだという．さらに，「男子は女子に比べてことばに無関心であり，造語センスがなく，楽しく会話ができない」と述べる．これにはうなづける面があるかもしれない．だが，「男子は女子に比べて元気がなく，自己主張が弱いと考えられるためである．（中略）男子は社会に出て２〜３年しないと動き出さないようだ．それに比して女子は大学生の時が一番活発に行動している[2]」という．

　どうしてだろうか．女子大生が新しいことばを牽引している背景を探ってみたい．大学時代を謳歌し，みずみずしい感性を表現している女子大生だが，就職にあたっては，総合職を希望しても，採用にたどり着けるのは100人に1人以下という厳しい現実を迎えることになる[3]．卒業後のキャリアライフでは男性に比してより厳しい現実に直面することになるわけだ．勢いのある「女子大生ことば」について，卒業後活躍しづらい状況を知りつつ今を盛りと女性たちが咲かせたあだ花とみるか，新しく言葉を紡ぎ出す創造性を今後にも活かせるような環境整備の必要性を感じるかは，女性に期待するものによって分かれるだろう．だが，いずれにせよことばを発する行為は，ことばを発する人の関心や自己意識（アイデンティティ）と連なっており，また社会的な要素が深く絡んでいることを理解できるのではないだろうか．

　ことば遣いとその変化をみていくことは，人と社会とのつながりを考え，そこでのことばの働きを考えることでもある．これまで長い間ことばは，単に私たちが何かを知らせたり，伝えたりする「道具」のようなものと考えられてきた．そのためこれまでは，ことば自体を透明で意味をもたないものとみなす考えが支配的であった．しかし，「若者ことば」は，誰が誰に対して何の目的で使うかによってことばの語彙や意味が決定されるという，コミュニケーションの基本を伝えている．「若者ことば」現象は，自分たちのコミュニケーション

149

の目的に合致した語彙や意味を積極的に使っていこうというものだ．つまり，自ら表現したいこと，理解しあいたいことを，言葉に関する常識（言語規範）より優先させ，言葉をあえて変化させて運用する．女性の方が積極的なコミュニケーションを図り，より能動的に規範を変えた言葉選びをしている．この点については，さらに社会背景と絡ませた研究が求められる．以下では，このような言葉の変化を従来のとらえ方であった「ことばの乱れ」との関わりから考えていきたい．

ことばの変化：「ことばの乱れ」という考え方をたどる

若い世代が新語や造語をつくり出していたのは，なにも現代に限ったことではない．日本の歴史上における日本語と女性とのかかわりを文献にあたって概観した遠藤織枝によれば，古来から現在までことばは新たにつくり出されてきたのであり，概して，ことばを自由に駆使してきた女性に対し，識者らがそれを「言葉の乱れ」などと非難し，別の言い方を奨励してきただけであるという[4]．以下，遠藤を参照し，流行語や新しい言葉の使用が「言葉の乱れ」と批判されている事例を紹介する．

岩本善治は，大正期に女性の地位向上のために女学校や女性のための雑誌を創設したことで知られる．しかし，女性に理解のあるはずの岩本も，女性の「ことばの乱れ」については次のような手厳しい批判を行なっている．「近年はだいぶ女性のことばに荒々しい，丁寧でない，一種独特な聞きつけない，いやなことばが入ってきたようです．（中略）それにある方は難しい漢語などを使って，英語も始終まじりますから，田舎の親類などが理解するのに苦しむそうです．（中略）オヤあなたよくきたのねー，私のおっかさんが．アライヤヨ．よくってよ．何々だわ．散歩に行く？　君は……僕は……何々すべしだよ．アラマー本当？」

後に「女性らしい言葉遣い」の代表格とされた「てよ」「だわ」などの文末詞を，「正しい日本語」から離れた「いやなことば」と決めつけている．

第9章 若者ことばはどのようなコミュニケーションか

　一方、保科孝一は、「近来男学生の用いる人代名詞『君』や『僕』を女学生の間でも用いるものがあるようですが」と、「キミ・ボク」という他称詞、自称詞を男性がもっぱら使ってきたという理由で女性が使うことを諌める。また、辞書の編纂でよく知られる国語学者の金田一京助は、日本語の敬語が西欧諸国に類をみない美しさがあるとし、「特に微妙で精緻なのは女性語である」という独自の見解を示している。「然るに、何事ぞ教養ある近時の日本女性のこの敬語法を吹っ飛ばさうとする風潮は、自分で日本婦道を惜しみなくアメリカ流に変へようお積りではあるまいに、なげかはしい。パパ・ママなど言わせている家庭も、子どもの言葉は母親次第であるから、そこにも軽薄な女性の無反省がある。」と美しい日本語の敬語が揺らぐことに強烈な嫌悪感を示す。敬語のみならず「パパ・ママ」というカタカナ呼称にまで批判は及んでおり、新語の登場、流布を「日本語の乱れ」として戒めている。さらに、「子どもの言葉は母親次第であるから」というところに、女性は子どもの養育責任者であるゆえに、正しい言葉の使い手であってほしい、と女性の言葉遣いへの非難には「女性＝養育者」規範が潜んでいる。

　檀みち子は、当時の若い人の使った新語、流行語について、乱暴だ、語呂が悪いなどと、女性がそれらの新しい言葉を使うことを厳しい口調で戒めている。「およそ、意味ないわ（ね）」乱暴な言い方。「しょってらあ／しょってるわ」語呂も悪いし、憎たらしい。「もち、もちコース」はすっぱ、漢語のように聞こえるから男性にはかまはないが、女性には少し生意気にも聞こえる。「彼、彼女」日本語の味はひのある「あの方、あの人、○○さん、××ちゃん」を使ってほしい。「ちゃっかり」きれいなお嬢様の口からもれてくると情けない。「つき合わない？」おつき合ひを強いるので、あまりよくない。お嬢様方には禁物。」などである。

　言語学者や識者たちは、女性の言葉遣いが変わることに警戒感を示してきた。しかし、識者らがどれほど戒めようと、「てよ」「だわ」にしろ、「彼、彼女」や「ちゃっかり」「つき合わない？」などにしろ、時代感覚や若者のアイデン

ティティに合致した新語は普及し，定着していることは疑いない．

文化庁は平成14年度「国語に関する世論調査」⁵⁾で言葉遣いの変化について調査している．「現在使われている言葉は乱れていると思うか」という問いに「乱れている」と答えた人は，80.4％と，「乱れていない」17.0％に対し圧倒的に多い結果が出ている．ここでの「ことばの乱れ」ということば遣いは，「正しい日本語」という言語規範を守るべきという発想ではあるが，多くの人にとって，日本語は常に変化しているという感覚自体が共有されていることを確認できる．

ことばはいつの時代においても変化している．「乱れ」というのは，あくまで整っているものがばらばらになる様をあらわす表現である．その変化を「乱れ」ととらえるのは「変化をよろしくない」と判断していることのあらわれである．

遠藤による「批判の言説」についての歴史的資料の丁寧な探求は，いつの時代においても「若者」，若い女性たちはことばやその用法を変えてきていることを逆に照射しているという点で重要である．一旦，新語や流行語など従来のことばに変化の兆しが起きると，すかさず知識人や国語学者などの識者が「ことばの乱れ」という観点から批判の言葉を発するという点も歴史的に繰り返されてきたことが見てとれる．「ことばの乱れ」は，あるべき「日本語」の形態を維持，再生産しようとする学者や知識人などが変化を牽制するために用いた「レトリック」といえよう．「ことばの乱れ」というレトリックによる「若者ことば」への戒めは，日本語とはこうあるべきだ，という「正しい日本語」を正当化する言語規範によるものといえよう．「若者ことば」が変化とみなされず，「ことばの乱れ」とされるのは，「正しい日本語」観によるものだ．

✣✣✣「ことばの乱れ」説への女子大生の反論

では，当事者の若者は，識者らから往々にして投げかけられる「ことばの乱れ」という批判にどのように対応しているだろうか．

第9章 若者ことばはどのようなコミュニケーションか

　新語，流行語の流通を「ことばの乱れ」とする意見への反論について見ていきたい．「世間では，文化人，知識人なる人物が地位や立場を利用して一方的に若者及び若者語を非難しているが，それに対して若者が反論する場がない．これは不公平である[6]」とし，女子大生の反論を提示している．

　具体的には，江國滋『日本語八つ当たり』(新潮文庫　1993年)が若者の「ことばの乱れ」批判を行なったことへの反論である．まず，江國氏の批判からみてみよう．

　「テレビの公開番組で，スタジオをうずめた若い女性達が，いっせいに『エーッ』と声をそろえて発するあの声はいったいなんだろう．

　よくよくびっくりするような場面で，思わず驚愕の声が出るというのならともかく，およそおもしろくもおかしくもないことがらに，いちいち反応して『エーッ』と叫ぶのは，ここで『エーッ』といえ，とテレビ局の人間にいちいち指図されているのだろうか．そうではなくて，自発的にあの声を発しているのだとしたら，ほとんど『ネバカ』の集団である．

　ひところギャルことばの典型とされていたエーウソーのウソーがとれて，エーだけが残ったのかもしれないが，それにしても花の女子大生がロンパールームなみの稚さで叫びたてるあの声は気色が悪い．不気味である．タモリさんをはじめとするテレビ・タレント諸氏は，ジンマシンにもならないで，よくまあ平気でいられるものだと，毎度のこととはいえ感心する[7]」．

　女子大生の反論は3点に及ぶ．第1は，『エーッ』は「ギャルことば」ではなくて番組の中で一種のノリをつくり出して盛り上げを図ろうとするテレビ局の指図に基づいており，番組への積極的参加の表れである．第2に，「エーッ」は周囲との連帯感を保つためのかけ声である．タレントやスタジオに集まった人たちと連帯し，心地よい一体感を味わうためである．第3に，「エーッ」にはいろいろな用法がある．感情のおもむくままに発しているのではない．多くの意味，使い道があるのだ．例えば(1)(オッサンなどに対する)サービス精神 (2)(またまたオッサンなどから)相手にするまでもない，くだらないことを言われ

た時，一応の返事として用いる，などと説明している．

　「『ギャル』という語を平気で用いる人の方がよっぽど気色が悪く不気味，かつ不愉快である．なぜオッサンは未だに(中略)「ヤング」や「ギャル」という言葉を使うのか．なぜ周囲の者がその言葉を聞き不愉快に思っているのに気づかないのか．若者語を批判する前にまず自分をかえりみるべきだ」と女子大生の反論は続く．江國は，言葉は常に正しいもの(規範)が遵守されるはずという考えでそれからずれたものを「乱れ」とするのに対し，女子大生は，ことばを使う行為をテレビ番組を収録するテレビ局のスタジオ内において視聴者の反応をも意識しつつ話す相手を含めた相互のコミュニケーション行為とみなしている．また，ことばを使う行為は，「エーッ」を会場にいる人たちとの「一体感を味わうためのかけ声」として用いたり，時には「ギャル」など不愉快な言葉遣いをする理解度が低そうな「オッサン」的男性をあしらうときの符丁としても用いるなどケースバイケースの方略として使っていることを挙げる．

　「オッサン」など相手をマイナス評価するなど反発を引き寄せそうなところもあるものの，女子学生の反論は，あの「エーッ」という女性の発話がそれを期待するオジサンの気に入るようなねらいをもった言語行為だということを納得させる．番組のオーディエンスであるところの中年男性が期待するところをあえて演じてみたり，答えたくもない言葉がけに対するディフェンスとしてあえて用いる方略だというのである．

　若者が新しいことばをつくり出したり，新しいことばを使って批判されてきたのは何も今に限ったことではない．若者ことばは社会規範を守ろうとする立場の識者や政治家などから脅威とみなされ，批判されてきた歴史の中に位置づけなおすことができる．

╬╬「若者ことば」再考：キャンパス・ディスコース

　「若者言葉」が従来いわれてきたような「ことばの乱れ」ではないとすれば，「若者ことば」はいったいどのようにとらえたらいいだろうか．

第9章 若者ことばはどのようなコミュニケーションか

　「ことばの乱れ」ととらえる人は「ことば(日本語)」を制度としてとらえている．ことばを制度とみなせば，研究者は言語のきまりを辞書などで確かめ，間違っていたら指摘をし，本来の姿に戻すことが仕事である．決められた正しい言葉遣いをしない若者は「常識」から逸脱している，矯正せよと教え諭すことになる．この場合，ことばは辞書のことばを範とし，常に一定で変わらないとみなされる．「ことば＝正しいことばの使い方」であり，「ことば＝社会の支配層の教養ある男性の話し手のことば」を指している．このような言語観では，コミュニケーションは当たり前のことと考えられているので，とりたてて研究対象とはならない．単に，より美しい日本語として敬語などを教えていればよいのである．女性のことばの変化が論議されるのは，教養ある男性の話し言葉からもっとも遠く，よってもっとも変化しやすい要素をもっているからと考えることができよう．

　もうひとつの見方は，方言などことばを研究対象とする見方であるが，ここでも使っている人や使われている状況から離れた語彙，文法などを対象としてきたため言語を取り巻く制度の問題は無視され，コミュニケーションの問題は回避される．

　しかしながら，双方の見方にも変化が生まれている．言語が他の社会行動の形から切り離して考えられないこと，相手とのコミュニケーションなのだから，言語を使うことは創造的なプロセスであるという考えが生まれてきたからだ．すなわち，「ディスコース」概念の誕生である．ディスコースとは「ことばを抽象的な構造としてとらえるのではなく，ことばを使うことを社会的影響のある言語行為，そして話し手と聞き手が互いにかかわり合う相互行為として捉える」[8]見方である．ディスコースという考え方を導入すると，言語の使用者(参加者，話し手，聞き手)の関係(上下関係，親疎関係)，場面の公／私(儀式か，おしゃべりか)，その言語使用の働き(情報伝達か，あいさつか)などを分析することができる．ことばの形(形式)ではなく，そのことばが実際の場面でどのような働きをしているか(機能)が重要となってくる．要するに，どんなことばが使われて

いるかよりも，ことばのやりとりが社会的にどういう意味をもつかである．
　「若者ことば」にディスコースという考えをあてはめると何が見えるだろうか．まず，言語の使用者たちの関係については，キャンパスことばの場合は，同じ大学生同士ということで対等で親しい仲間内のことばであり，私的なおしゃべりである．言語使用の働きは情報伝達やあいさつ，あるいは親しみを込めた会話であったりするだろう．仲間内での会話促進・娯楽・連帯・イメージ伝達・隠蔽・緩衝・浄化などの機能が含まれる．「若者ことば」，特に，大学での女子大生を中心とすることばは，大学生が親しい仲間内で交わすもので会話促進・娯楽・連帯・緩衝などの機能をもつ「キャンパス・ディスコース」なのである．さらに，「キャンパス・ディスコース」の社会的意味の考察を続けよう．

✦✦ 男性を「選り好みする女性」

　若者論では，学生運動や対抗文化が盛んであった1970年代前半までと，1970年代半ば以降を区別し，1970年代以降の若者については「モラトリアム人間」，「新人類」「おたく」などとカテゴライズし，総じて「内向し，保守化する」[9] 傾向にあったとみなす．そもそも「若者」という呼び方が「青年」に取って代わるようになったのは大人との連続性を強調する「青年」論に対し，「若者」は消費の対象ととらえ直され，ヤングマーケットとしての「若者文化」，並びに「消費のよきお客様」としての側面に脚光があたったためであった．しかしながら，これまでの若者論は男性だけを対象にし，女性を対象としてこなかったという点からすれば，若い女性に焦点をあてた「若者ことば」の検討は [10] 若者論としても重要な意味をもつといえよう．

　社会をつくっていくのは一人ひとりの主体，人間，個人のありようや行動である．社会がうまくいくかどうかを左右するのは，人間の他者と関わる能力いかんによる．つまり，若者のアイデンティティや他者との関わりについて考察するのは，今後の社会のありようが若い世代やその行動によって決まっていくからである．では，女子大生はキャンパス・ディスコースによってどのような

アイデンティティを構築し，どのような言語行動をしているのであろうか．

近年，言語とジェンダー研究において，ディスコース，という考え方が注目されている．ことばを使うことは，使い手がもつジェンダーや民族，階層，セクシュアリティなどに関するアイデンティティをあらわし，また社会において他の人との関係がどうであるかをも示しているというのである．たとえば，上司に敬語を使うことによって，「上司と社員」という社会の「上下関係」を再生産しているし，方言がある地域において近所の方とのつきあいにおいて相手とどのような関係性をつくりたいかによって方言で話すか標準語で話すかを決めたりする．ビジネスの場などで使われるので公的な印象がある標準語ではなく，あえて方言を使うことによって相手とうち解けた関係をつくり出す言語実践をすることもある．

このような考えに基づき，ディスコースとアイデンティティ，社会規範，および社会構造の関係をとらえる「『言語とジェンダー研究』のダイナミック・モデル」（図9－1，中村桃子 2002）を援用し，キャンパス・ディスコースとジェンダー規範との関わりを検討してみたい．

まず，ダイナミックモデルでは，ディスコース実践[11]（私たちが具体的場面でことばを使って関わり合い語る行為）と社会のジェンダー関係との間を媒介するのがジェンダー・イデオロギーとされる．このモデルは，1）ジェンダーの支配関係が直接個々の関わり合いを支配するのではなく，ジェンダーに関する特定の考えを通して行なわれる「イデオロギーによる支配」であることを図式化したものである．図9－1に示された例で述べるなら，〈女ことば〉とは女のことばとして「語られること」により歴史的に作り上げられた「言語規範」である．日本で明治期以降につくり出されたジェンダー・イデオロギーでもある．2）ジェンダー・イデオロギーとは，ディスコース実践の中で作り上げられてきた多様なジェンダー・アイデンティティが支配構造の中で秩序化されたものである．〈女ことば〉というジェンダー・イデオロギーは辞書や教科書，文学や歌などさまざまな場面において繰りかえし語られることによって〈女ことば〉を

図表9-1　「言語とジェンダー研究」のダイナミックモデル（中村2002：29）

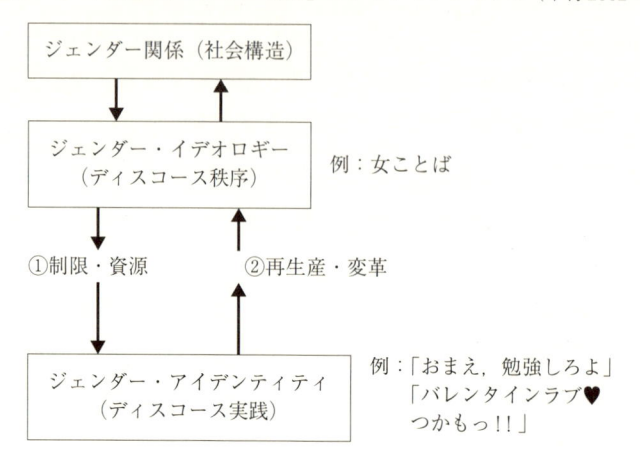

```
┌─────────────────────┐
│ ジェンダー関係（社会構造） │
└─────────────────────┘
         ↓↑
┌─────────────────────┐
│ ジェンダー・イデオロギー │　　例：女ことば
│  （ディスコース秩序）  │
└─────────────────────┘
    ↓              ↑
①制限・資源      ②再生産・変革
    ↓              ↑
┌─────────────────────┐
│ ジェンダー・アイデンティティ │　例：「おまえ，勉強しろよ」
│  （ディスコース実践）  │　　「バレンタインラブ♥
└─────────────────────┘　　　つかもっ!!」
```

話すことを正統化する働きをしている．3）ディスコース実践はさまざまな考え方がせめぎあう場である以上，これらのディスコース実践からなるジェンダー・イデオロギーも不安定で変化しうる．〈女ことば〉は，日本では明治期以降につくり出されたジェンダー・イデオロギーである．「普通のことば」からの逸脱という識者による戒めの言説である「ことばの乱れ」は，「正しい日本語」「正しい敬語」として〈女ことば〉を正統化する知となってきた．

　では，女子大生が特定男子大学生のことを「アッシー君」「ミツグ君」「〇〇男」などという表現を友達に話すことは，ジェンダーや言語に対する規範との関係において何を意味するのだろうか．「ダイナミックモデル」を使って考えてみたい．まず，背景から押さえておくと，1980年代，女性が雇用機会均等法などに後押しされ就業機会を得て経済力をつけた結果，切実に結婚を必要としなくなった．一方，「選ぶ立場」でいたはずの男性が結婚願望が強く「選ばれる立場」になっているといわれる．他章でも論じられているように，家族やジェンダー関係に変化が起きている．2000年の国勢調査では30代前半の男性未婚率が4割を越え，『結婚したくてもできない男，結婚できてもしたくない女』の関係が生まれているともいわれる．終身雇用制の崩壊とともに女性が経

第9章 若者ことばはどのようなコミュニケーションか

済力をつけたり，親の経済力をあてにして，焦って結婚する必要がなくなったせいで男性の方が，自分の魅力や，役に立つことで女性にアピールするようになっている．「アッシー君」や「ミツグ君」の登場はこうした状況の変化を受けている．女子大生は，このような社会背景の変化により自分の足として利用したり，プレゼントしてもらったりする男性を「アッシー君」「ミツグ君」などとよぶ言語実践を行なう．そこでは男性を「選り好みする」アイデンティティが構築される．

米川は「女性が男性を恋愛ゲームの対象『商品』として価値があるかないか，といった見方で品定め」[12]しているという見方を示しているが，上述した表現が「若者ことば」として話されているということは，女子大生間で「男性をいかに活用するか」というスタンスが一定程度共有されていると考えられる．これらの発話からは従来のような男から選ばれる女性というアイデンティティは見出し得ない．むしろ，目的に応じてあれこれ男性を「選り好み」する方略をもっており，このようなキャンパス・ディスコースを交わすことで，「男性を選り好みする女性」と「女性に都合良く利用されている男性」というジェンダー・イデオロギーがつくられる．

同様に，「ギャル男」（ギャルのような男性），「ゲロ男」（不細工な男性），「ナル男」（ナルシストの男性），「フェミ男」（服装などが女性のような男性，フェミ男君とも），「ワシ男」（定年退職後，「ワシもワシも」と妻について回る夫）など「男」を末尾につける呼称，ならびに「イクラちゃん」（勘定にうるさい人），「たらちゃん」（女たらし）など「～ちゃん」という呼び方によるネガティブな評価を伴う呼称は，女子大生がこれまでの「男に選ばれる女性」「男を立てる女性」などのジェンダー・イデオロギーを資源とはするものの，それを新たに「男性を品定めする女性」や「男を振り分ける女性」というジェンダー・アイデンティティを構築している．女子大生は，「キャンパス・ディスコース」を通じて従来の男女の力関係をシフトさせるディスコースを構築し，同時に自らのジェンダー・アイデンティティを再編成している．このようなキャンパス・ディスコースが多くの

場で繰り返されることによってこれまでのジェンダー・イデオロギーも少なからず変容していくだろう．

　女性は，「売れ残りのクリスマスケーキ」などのことばでこれまで25歳すぎると値が下がるといわれてきた．このディスコースは女性を男に選り好みされる受動的なものとみなしている．しかしながら，女子大生などの「キャンパス・ディスコース」では，若い女性が社会規範に対して「選り好みする女」というようなアイデンティティの変化をつくり出していることを示している．

✳✳ 名づけの権力

　さらに，「若者ことば」がどのようなコミュニケーションかという点を考えてみよう．

　遠藤織枝は次のように述べる．「現代の流行語は女性の創作とその使用抜きでは考えられない．女性は遠くは紫式部，清少納言，近くは樋口一葉，与謝野晶子などという特に傑出した才能の持ち主以外で，ことばを創るということはきわめて稀であった．結婚したカップルの女性を男性側から名づけた『若妻・新妻・良妻』はあるが，女性の側からの『若夫・新夫・良夫』の語がなかったこと，性を売る女として『売笑婦・売春婦・醜業婦・娼婦・飯盛女・辻君』などさまざまなことばはあったが，それを求める男性を指すことばがなかったことをみれば，女性は，力のある側＝男性から名づけられ，規定される対象ではあっても，主体的に名づける側にはいなかったことがあきらか[13]」である．さらに，「女性が男性を名づける語として創り，流行語になった第1号が『粗大ゴミ』であったろう．以後，『アッシー君』『ミッグ君』『スッシー君』『キープ君』『パセリ君』など女性が男性をさまざまな役割，用途，状態で命名したことばが続々と生まれてきた．女性は名づけられる性から名づける性へと転換した．」「今では女性が創り，女性が使い，それが広がるとマスコミが取り上げ，それを追って男性も使うというようになってきているのである[14]」などと述べている．

「若者ことば」は，仲間内でのことばとはいえ，女性がことばを創る力を発揮している．それは，「状況を定義づけ」する力を獲得しているということである．旧来の呼称に込められた社会状況定義にしっくりこないものを感じ，あるいは自らの感覚にふさわしい呼称がないので新たに創るという行為は状況定義権を行使することである．社会をどう見るか，男女の関係を規定する権力を若い女性がもつようになったことを示している．すなわち，呼称によって社会関係を名づける権力を行使しているということでもある．

　「キャンパス・ディスコース」が規範となっていくかどうかはメディアや辞書など，どのような場にまで拡張されて流通されていくかにかかっている．若者ことばの今後に注目したい．

　「若者ことば」はこれまで「ことばの乱れ」などと「正しい日本語」からの逸脱としてとらえられがちであったが，本章では，若者，特に若い女性たちが新たなことばを作り，自らのアイデンティティを作り替え，また社会的な関係性や言語規範をも変えていく過程ととらえなおした．

　若い女性たちは，社会状況の変化に連動した形で，名づける権力を行使している．それは，近年における恋愛や結婚の変化を反映していると同時に，社会の恋愛観，結婚観を変える能動的な言語実践なのである．

――――――――――――――〔注〕――――――――――――――

1) 米川明彦『現代若者ことば考』丸善，1996年，p. 12. 本章は，米川 (1996) に依拠している．少し前の研究なので使われていることばは，現在では変化しているものもある．
2) ここまでの引用はすべて米川 (1996) に依拠している．
3) 総合職の中に女性が占める割合はわずか3％（厚生労働省「コース別雇用管理制度の実施状況と指導状況」平成16年7月23日厚生労働省雇用均等・児童家庭局発表）にすぎない．
4) 遠藤織枝『女のことばの文化史』学陽書房，1997年
5) 文化庁ホームページ〈http://www.bunka.go.jp/〉参照．
6) 米川，同上書，p. 197
7) 米川，同上書，p. 198

8）中村桃子『ことばとジェンダー』勁草書房，2001年，p.51
9）小谷　敏編『若者論を読む』世界思想社，1993年，p.4
10）小谷，同上書，p.234
11）中村桃子「『言語とジェンダー研究』の理論」『言語』2002年2月号，pp.24-31
12）米川，同上書，p.154
13）遠藤織枝『女のことばの文化史』学陽書房，1997年，pp.201-202
14）以上は，遠藤同書，pp.201-204からの引用．

――――――――――〔参考文献〕――――――――――

遠藤織枝『女のことばの文化史』学陽書房，1997年
カメロン，D.(中村桃子訳)『フェミニズムと言語理論』勁草書房，1990年
小谷　敏編『若者論を読む』世界思想社，1993年
中村桃子『ことばとジェンダー』勁草書房，2001年
米川明彦『現代若者ことば考』丸善，1996年

第10章

若者のこころを探る――幸福感と生活意識――

† キーターム †

JGSS Japanese General Social Surveys（日本版総合的社会調査）のことで，2000年度から本調査が開始された．この調査は，現代日本人の世帯構成・対象者の就業や生計の状況・両親や配偶者の職業・政治意識・家族観・人生観・死生観・宗教・余暇や趣味活動・階層帰属意識・マスメディアやITとの接触・犯罪被害など広範囲の調査項目を網羅していて，さまざまな問題関心からの分析ができるような調査データを提供することを目標としている．

トラウマ もともとは，精神医学の用語で，外部から起こった出来事によって精神に加えられる衝撃のことで心的外傷と訳される．たとえば，大きな苦痛を受けるような経験の後には，十分な心のケアが必要になる憂鬱感・恐怖感・罪悪感・焦燥感などを感じるというPTSD（post traumatic stress disorder＝心的外傷後ストレス障害）が起こることが問題とされている．

性善説と性悪説 中国古代の戦国時代（紀元前403年～同221年）に活躍した諸子百家のなかで孔子の思想を受け継いだ儒家の孟子が人間の本性をめぐって性善説を唱えたのに対し，同じ儒家であっても荀子の方は性悪説を唱えたことが知られている．性善説と性悪説は，犯罪学においても，人がなぜに犯罪や非行に走ることがあるのか，についての人間観の議論のなかで取り上げられた．

幸せ探し

　現代の大学生は手探りで幸せを探している．誰でも幸せを願わない者はいないが，現代でもっとも幸せを強く願っている世代がいるとしたら，それは若者であるというのが私の考えである．…

　大学のキャンパスで彼らの風俗を観察していると，豊かな社会で伸びやかに育ち，青春を満喫している若者像が目に浮かぶ．しかし教室で彼らを教え，また飲み会やコンパ，そして合宿旅行などで彼らと生活をともにしていると，彼らの悩み，不安，そして不満がおぼろげながら見えてくる．…

　現代の若者は豊かな生活を満喫している．そしてこの点に注目すれば，彼らは幸せな状態にあるともいえる．しかし彼らの気持ちは，どこかで苛立っている．また不安である．大学生には現在の生活が人生のなかで一番楽しいのではないかという漠然とした将来不安がある．大量の情報が社会の矛盾や不合理，組織における硬直した人間関係や信頼の崩壊，愛の脆さや裏切りを毎日のように描き続けているからだ．

　私には現代の若者は価値の不透明状態に生きており，それだからこそ現代的な幸せを手探りで模索している先端的な世代だと思われてならない．

出所）藤竹　暁『若者にとって幸せとは―満足社会のゆくえ』有斐閣，1994年，pp. i～ii より

第10章　若者のこころを探る

✦✦ こころを知る方法とは

　街に出てみよう．すると，たくさんの人びとが繁華街の通りに集まっているのを目にすることができる．そのなかでは，奇抜とも思えるようなメイクや個性的なファッションを身につけた若者たちとすれ違うことも多い．彼らは，一見して明るいようだが，本当はどんなこころを抱いて生きているのだろうか．そんな疑問をもつこともある．そのためには，一人ひとりに直接尋ねてみることが，もっとも手っ取り早いかもしれない．しかし，実際には，うさんくさい奴とみられて断られたり，何を聞くのかだけでもものすごく手間がかかってしまう．まして，日本全国ということになれば，およそ不可能な作業になるように思われる．

　これに対し，社会調査でなされる科学的な方法にしたがってサンプリングを行なえば，わが国の人口1億2,682万人（2004年3月末住民基本台帳のデータ）のうちから選ばれた数千人というわずかな数の規模であっても，かなり正確に日本社会の縮図をつくることが可能になる．そして，この対象者にアンケート調査をすることによって，私たちは現代日本人の意識や行動を知ることができるのである．このような調査は，政府・地方公共団体・マスコミ・企業・大学・研究機関・調査会社などの手によって盛んに行なわれており，さまざまなテーマが取り上げられて各分野で利用されている．たとえば，新聞社やテレビ局が毎月のように実施する内閣支持率の世論調査は，その上がり下がりの結果が政治的な思惑や行動を引き起こす場合も少なくないので，こうした影響をけっして軽くみることはできないのである．

　この章では，2002年10月から11月にかけて行なわれたJGSS-2002と称する全国に居住する満20歳から89歳までの男女個人5,000人を母集団とした調査結果の一部を紹介し，現代日本人の，とりわけ20代の若者の意識に焦点を合わせることで，彼らのこころの一端を探る試みとしたい．[1]

❖❖ あなたは，現在幸せですか

まず，「あなたは，現在幸せですか」という幸福感を尋ねた項目を取り上げてみよう．ここでは，1（幸せ）から5（不幸せ）までを番号順に序列した選択肢から回答するようになっている．結果をみると，それは，3（どちらともいえない）を中心にしながらも，1と2（やや幸せ）を合わせた"幸せ"の方に圧倒的に片寄っていることが分かる（図表10－1）．すなわち，現代日本人は，少なくとも多数が自分は"幸せ"だと思っており，とくに70歳以上の高齢者が男・女とも65％前後の高さに達していることに注目したい．彼らは，いうまでもなく第二次世界大戦（太平洋戦争）をはさんだ大正から昭和初期の厳しい時代を体験してきた世代である．あの頃に比べれば，現在の方がずっとましだと考えているのだろうし，苦難の時期を生き抜いてきたのだという自信とたくましさを示しているようにも思われる．もし，そうであるならば，日本の高齢社会も今のところは安泰であるのかもしれない．

このような調査結果は，他の試みでも証明されていて，たとえばわが国からは電通総研が参加している「世界価値観調査」（2000年実施）では，日本人の86.5％が"非常に幸せ"か"やや幸せ"（ただし，選択肢は4つ）と回答しており，ここでも"幸せ"が大部分になっている．もっとも，この日本の数字は，調査された74ヵ国中の29番目に位置しているもので，トップのアイスランドのように97％が"幸せ"だと答える国もあるのに比べれば，世界第2位の経済大国だと自負する割りには物足りないといえないこともない——もっとも，アメリカでさえ12位にとどまっているのである[2]．

それでは，若者たちはどうだろうか．男・女の20代の数値も大勢は変わっていないから，多くの若者が"幸せ"を感じ取っていることに間違いはない（図表10－1）．もちろん，当然ながら高齢者とでは"幸せ"の基礎が異なっていることは明らかで，若者の方は物質的に豊かな時代を生きてきたことだけが反映しているからではないかと思われる．しかし，注意すべき点としては，20代の男性で4（やや不幸せ）がほかの年齢階級や同世代の女性よりも少し高くなっ

第10章　若者のこころを探る

図表10－1　幸福度

（単位名：％）

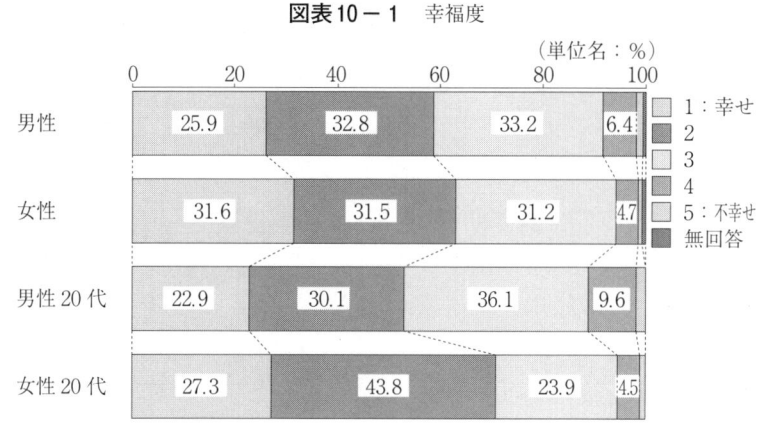

	1:幸せ	2	3	4	5:不幸せ
男性	25.9	32.8	33.2	6.4	
女性	31.6	31.5	31.2	4.7	
男性20代	22.9	30.1	36.1	9.6	
女性20代	27.3	43.8	23.9	4.5	

凡例：1:幸せ／2／3／4／5:不幸せ／無回答

注）JGSS-2002調査結果より作成．以下同じ．

ていることである．それは，この章の冒頭に引用した藤竹暁の見解にも触れられていたように，今はまだ"本当の幸せ"を模索している段階だからだともいえるだろうし，ライフコースにおけるターニング・ポイントに立って"男の責任"というプレッシャーを受けているために単純に"幸せ"を謳歌することができずにいる苦しさをあらわしているようにも感じられる．

✛✛ あなたの結婚生活は，幸せですか

　JGSS-2002では，一般的な幸福度の場合と同じ選択肢の方法によって結婚生活に対する幸福度も尋ねている．これは，当然に調査時点で配偶者（つれあい）のいる対象者に対して行なわれたのであるが，数値が一般的なそれよりもかなり高く，特に男性の方にあらわれている事実に注目をしたい（図表10－2）．すなわち，この事実は，"結婚は人生の墓場"どころか良好な結婚生活が幸福感を高める機能を果たしていることを，とりわけ男性にとっては"妻の助けを得られる"などによる生活上のメリットがあると彼らが感じていることを意味しているのではないかと考えられる．もちろん，ここに男性側の勝手な思い込みがあると指摘することも可能だろう．

図表10－2　結婚生活の幸福度

（単位名：％）

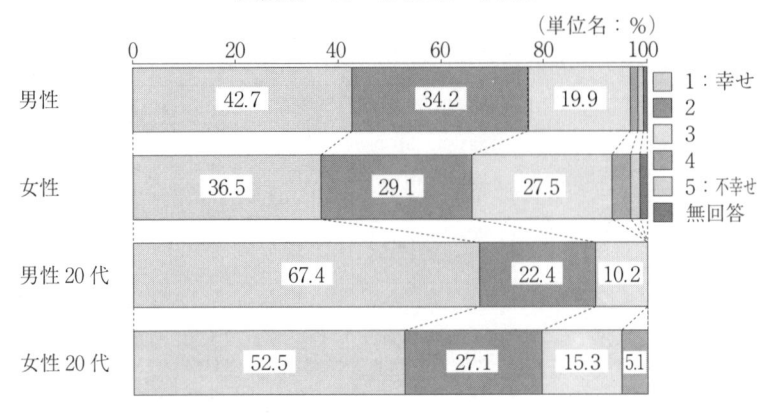

	1:幸せ	2	3	4	5:不幸せ	無回答
男性	42.7	34.2	19.9			
女性	36.5	29.1	27.5			
男性20代	67.4	22.4	10.2			
女性20代	52.5	27.1	15.3	5.1		

さらに，この結果は，20代でより顕著にあらわれていて，若い男性のほとんどが，女性も大部分が"幸せ"だと回答している．当たり前のことだが，20代は，まだ結婚して間もない時期であるから，結婚生活の良さを意識しながらハネムーン状態の続いていることを自認しているように思われる．現在の日本では，晩婚化が話題にされているように，平均初婚年齢が30歳近くまで上昇しており，結婚に踏み切らない——あるいは踏み切れない——若者が増加している．しかし，以上のデータからは，より"幸せ"になりたければ，早く結婚する方が望ましいともいえそうである．

✤✤ 人間の本性について，あなたはどのようにお考えですか

　幸福感は，物質的な充実だけでは決まらない．むしろ，人間関係といった人間的なものの要素が大きいようにも思われる．そこで，この設問を用いることで人間の本性についての回答者の考え方をみることにしたい．ここでは，1（人間の本性は本来「悪」である）から7（人間の本性は本来「善」である）までの7つの段階の尺度で回答を求め，いわゆる性悪説と性善説についての反応を探っている．

第10章　若者のこころを探る

　回答では，"どちらともいえない"に当たる4が，男・女ともどの年齢階級でも30％前後を占めており，判断に戸惑っている様子がうかがえる．しかし，全体的には，5～7の"性善派"が多く，年齢が上がるにつれて高くなっている（図表10－3）．やはり，現代日本人は，他人に対して彼らをそれほど性悪だとは思っていないのであり，お互いが不信感をもつよりは信じあいたいという穏やかな人間関係を望んでいるように感じられる．

　しかし，この結果を，「世界価値観調査」のデータと比較すると，こちらでは選択肢がどちらかを選ぶという2つだけのためなのか，39.6％対52.4％と"性悪派"の方が多くなっている．もっとも，この日本の"性善派"の数値でさえ74ヵ国のなかの第9位であって世界中においては"他人を用心する"という考えの方がきわめて優勢である．[3] つまり，日本人の性格には，島国に由来するためなのか対人的な甘さにつながっている面があり，これでは生き馬の目を抜くような国際関係のもとにある今日では問題があるといえるだろう．

　若者についてみると，これも"性善派"が多い．しかし，1～3に属する"性悪派"が他の年齢階級よりかなり高くなっている（図表10－3）．真の友人関係を大切にしたいとする彼らであるが，その過程でトラブルが起こることが多いのかもしれない．あるいは，現実の社会で多発する汚職・殺人・強盗・詐欺な

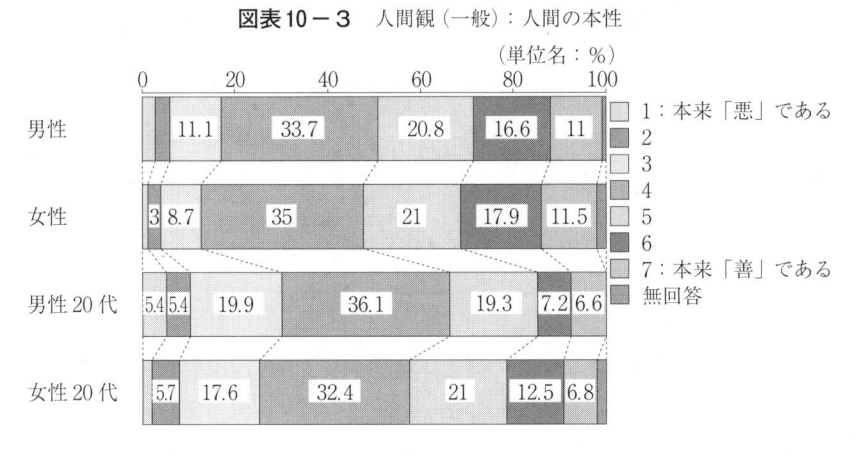

図表10－3　人間観（一般）：人間の本性

（単位名：％）

	1	2	3	4	5	6	7
男性		11.1		33.7	20.8	16.6	11
女性	3	8.7		35	21	17.9	11.5
男性20代	5.4	5.4	19.9	36.1	19.3	7.2	6.6
女性20代		5.7	17.6	32.4	21	12.5	6.8

1：本来「悪」である
2
3
4
5
6
7：本来「善」である
無回答

ど犯罪報道を見聞きすることなどによって，大人たちの人間性に疑問をもつようになっているのではないか，とも考えられる．

✦✦ 過去5年間に，深く心に傷を受けるような衝撃的なできごとを何回経験しましたか

　この調査が行なわれた2002年の秋は，平成不況がまだ深刻化していた時期であった．それにもかかわらず，過半数以上が少なくとも"幸せ"だと回答していることが分かった．この点については，現代の日本人は，いろいろな社会問題があるにしても，精神的にも物質的にも平和で豊かな生活をおくっており，文字通り幸福なのだ，ということが可能である．かかる見方を一概に否定することはできないかもしれない．しかし，本当にそうなのか，意外だ，という感じはどうしても残ってしまう．そこで，今度は，深く心に傷を受けるような衝撃的な出来事──トラウマ──を過去5年間に何回経験したか，という人生において逆に不幸につながるような事柄に関する問いを設けてみることにした．この設問では，括弧づきで，離婚，失業，大きな病気やケガ，身近な人の死，という例示が加えられている．

　それによれば，男・女平均で40％近くは"なし"と答えていてトラウマを経

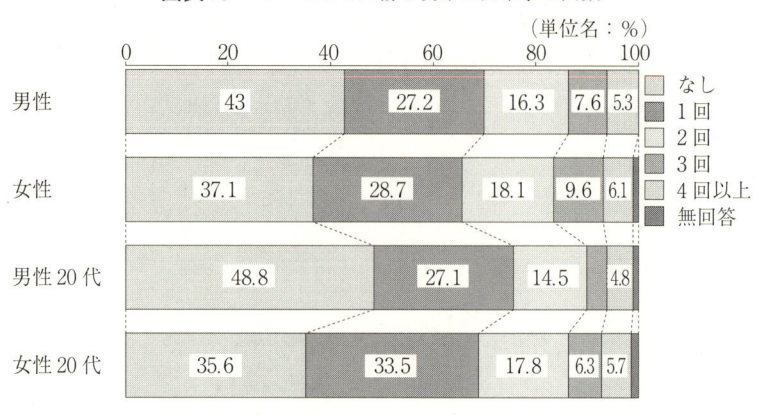

図表10−4 こころに傷を受けた出来事の回数

（単位名：％）

	なし	1回	2回	3回	4回以上	無回答
男性	43	27.2	16.3	7.6	5.3	
女性	37.1	28.7	18.1	9.6	6.1	
男性20代	48.8	27.1	14.5	4.8		
女性20代	35.6	33.5	17.8	6.3	5.7	

験していないことが分かる（図表10－4）．けれども，中高年期の40代〜60代では，"なし"がやや低くなり，1〜2回が約45％に，3〜4回以上も15％ほどに達している．つまり，私たちが長いライフコースを歩んでいく途上では，不幸な出来事に遭遇する機会は決して小さくないといえるだろう．

　これは，20代の若者たちにとっても同様で，屈託なさそうにしている彼らであってもトラウマを経験する機会が皆無だという回答は出していない．とくに，女性には，"なし"が少なく，1〜2回が50％を超えているし，3〜4回以上も男性と比べると多くなっている（図表10－4）．それなのに，先にみたように幸福度では，20代女性の方に"幸せ"がかなり高くあらわれている．これは，両者を結びつけて考えていないからなのか，立ち直りが早いからなのか，いろいろあったとしても"不幸せ"とまでは思いたくないという気持ちが作用したからなのだろうか．

✣✣ 生活面に関する以下の項目について，あなたはどのくらい満足していますか

　このように，現代日本人は——若者もふくめて——，不幸につながるようなトラウマ経験があったとしても，それが"幸せ"が多数を占めるという幸福感にまで大きく影響していることはなさそうである．ここでは，いくつかの生活面における満足度を調べることによって，幸福感の基礎をやや具体的に検討してみることにしたい．ただ，回答方法が幸福度の設問と同じく，1（満足）から5（不満）までの五択の選択肢を採用しているため，3（どちらともいえない）に集まりやすい傾向がどうしても見受けられる（図表10－5）．

　　居住地域→"住めば都"といわれているように，全体的に満足度は高く，住み慣れているせいなのか高齢者にとりわけめだっている．これは，20代の若者についても例外ではない．若者たちは，未婚の場合まだ親の家に居住している者も多いので，居心地の良さを感じているからなのかもしれない．

余暇利用→満足度がかなり高い項目であるが，特に仕事の第一線から引退した高齢者の満足が高い．これに対して職業生活・家庭生活に忙しい40代～50代の男性や40代女性に4（やや不満）や5が若干出ている．若者たちにも4がみられ，30代よりは不満があるように認められる．若さを発揮して，もっと余暇を満喫したいという気持ちがあるからだろうか．

家庭生活→30代～40代でいくらか4が現れているものの，1と2（やや満足）を合わせると，男性47.5％・女性48.7％に達している．さまざまな家庭問題が起こっていると報じられているにもかかわらず，日本人の家族生活への満足度が高いのは，やはりあたたかい家族を必要とするという心情をあらわすように思われる．特に，20代と70代以上では，1が20％以上になっていて，より満足度が高くなっている．若者たちは，未婚の場合パラサイト・シングルを享受しているからかもしれないし，あるいは新婚間もない場合には"愛の巣"をこしらえているところだからかもしれない．

家計状態→平成不況の時期を反映していて，どの年齢階級でも3以下が多い．4と5を合わせた全体の平均は，男性35％・女性32.3％となっており，経済生活の厳しさから不満がもっとも高い項目になっている．5が一番高いのは，男性は50代・女性は30代で，これが男・女のそれぞれの人生において生活費の必要な時期にあたっていると考えているためのようである．若者の方も，同様に不満が強い．ただ，1と2を合わせた満足派を，男・女で比べると21.9％と30.2％と女性の方が10ポイントほど高くあらわれている．若い女性には，ややゆとりがあるからということなのだろうか．

友人関係→20代と70代以上を中心に1が多くて満足度が高い項目である．全体の平均では，1と2を合わせた数字で男性45％・女性54.5％と満足度に性差がみられる．これは，若者たちでも同じで，

第10章　若者のこころを探る

男・女は55％と63.1％で若干の差が出ている．若者には，学校・サークル・職場・遊び場などで得た友人を大切にするという意識があり，女性の方により強くあらわれているように考えられる．

健康状態→若者たちは，若さの特権として元気にあふれているからだろうか，他の年齢階級よりも満足度がかなり高くなっていて男・女とも1と2の合計が50％を超えている．30代になると，満足派は5ポイントほど低くなるから，健康状態は若さのバロメーターなのである．したがって，他の項目では満足度の高い70代以上の高齢者も，健康状態の満足派は男性42％・女性39.8％とやや低い．

仕　　事→現在の仕事については，男・女とも60％以上が"満足"か"どちらかといえば満足"と回答しており，満足度が高い．ただ，"満足"をみると，男性は50代以上，女性は40代以上で高くなっていて20代・30代はそうでもない．とりわけ，20代の男性は"どちらかといえば不満"・"不満"で20％を超え，女性を10ポイントほど上回っている．同じ若者でも性差で意見に違いが認められる．これ

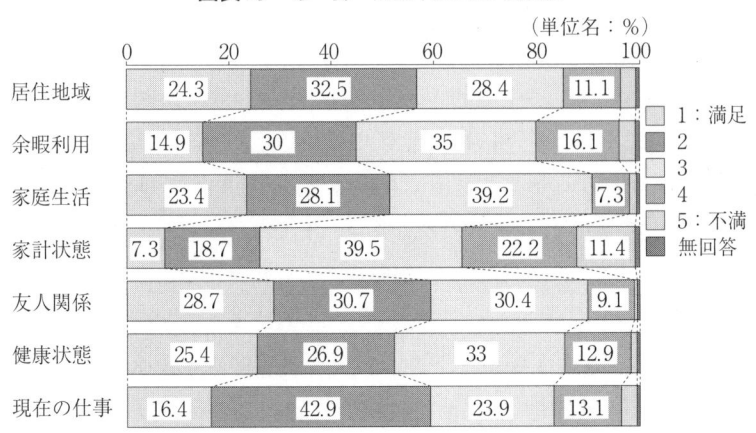

図表10－5　男・女20代の生活満足度

(単位名：％)

項目	1:満足	2	3	4	5:不満	無回答
居住地域	24.3	32.5	28.4	11.1		
余暇利用	14.9	30	35	16.1		
家庭生活	23.4	28.1	39.2	7.3		
家計状態	7.3	18.7	39.5	22.2	11.4	
友人関係	28.7	30.7	30.4	9.1		
健康状態	25.4	26.9	33	12.9		
現在の仕事	16.4	42.9	23.9	13.1		

は，男性の方に一生の生業になるかもしれない現在の仕事に対する期待があるのに，それと現実とのギャップが強く感じられているからだろう．そして，若者に転職が多い理由の一端も，この結果より推し量ることができるように思われる．

　なお，JGSS-2002では，生活全般についての満足度を調査項目にしていないので，「世界価値観調査」を参照してみることにしたい．これは，1 (不満) から10 (満足) までの10段階で聞くという幅の広い選択肢になっているが，日本は8が24％ともっとも多いのを初めとして7以上の"満足派"がかなり勝っている．やはり，わが国や先進諸国では，満足の方にかなり傾いているのだが，たとえばエジプトのように2が42.8％の一方で9が43.3％あるという特異なケースの国もあって興味深い結果を知ることができる．[4]

✧ かりに現在の日本の社会全体を，以下の5つの層にわけるとすれば，あなた自身は，どれに入ると思いますか

　現代日本人は，家計状態を除けば生活における満足度は全体的に高いのである．これは，現在の日本が何といっても一応は安定していることを意味しているように思われる．このことは，上の設問で聞かれているような生活程度において「どれに入る」かを聞く階層帰属を調査する場合には中流意識となってあらわれてくるものと考えられる．すなわち，結果では，男・女とも"中の中"が約半数を占めており，"中の上"と"中の下"を合わせると90％前後に達しているからである．最近は，"中流の崩壊"が指摘されているけれど，このJGSS-2002の意識調査でみるかぎり総中流意識は根強いといわなければならない．
　ただし，"中の下"がかなりあるのは，昨今の不況を反映した生活の厳しさがあるからだろう．さらに，男性の方に階層意識の分化がやや出ているのは，格差の拡大を物語っていると思われ，注意するべき点である (図表10-6)．
　もっとも，中流意識は日本だけではない．「世界価値観調査」よれば，結果の出た30ヵ国の大部分で"中の中"が30％前後以上あり，"中の上"と"中の下"

第10章 若者のこころを探る

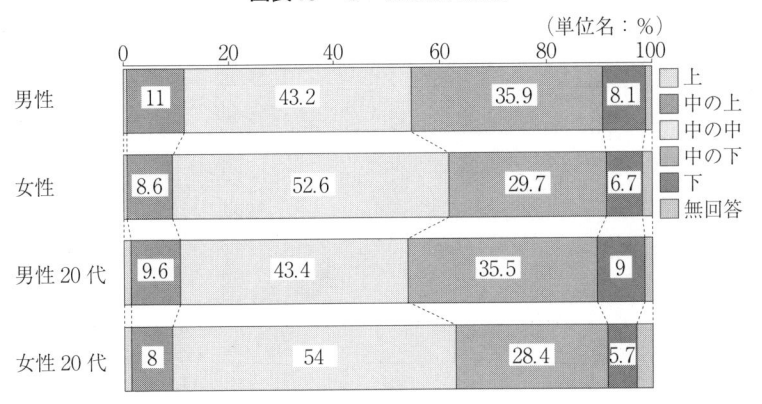

図表10-6 階層帰属意識

	上	中の上	中の中	中の下	下	無回答
男性		11	43.2	35.9	8.1	
女性		8.6	52.6	29.7	6.7	
男性20代		9.6	43.4	35.5	9	
女性20代		8	54	28.4	5.7	

を合わせると大部分の国がそのなかに含まれてしまう．日本は，"中の中"が44.3％であるが，これよりもインドネシア・中国・バングラデシュ・チリ・プエルトリコ・ベネズエラ・イスラエル・ヨルダンが高い[5]．すなわち，中流意識の高さは，先進国も発展途上国も，あまり関係がないようである．

20代の若者たちについても同様で中流意識が高く，女性の方により強くあらわれている（図表10-6）．30代になると"中の下"が多くなって"中の中"と並ぶくらいになるが，若者ではそこまでは至っていない．まだ，学生や独身者が多いので，現実の生活をあまり実感していないからではないかと考えられる．

✦✦ 次のような上から下までのスケール（尺度）で，あなたはどこに位置すると思いますか

この設問は，質問の前段に「わたしたちの社会には上層に位置するグループと下層に位置するグループがあります」と述べ，階層帰属意識とは別の角度から対象者が社会階層のどこに位置していると思うかを尋ねるもので，1（一番上）から10（一番下）までの10段階のスケールを使って答えるようになっている．結果では，5がもっとも多くて40％前後を占め，次いで6が続いている．や

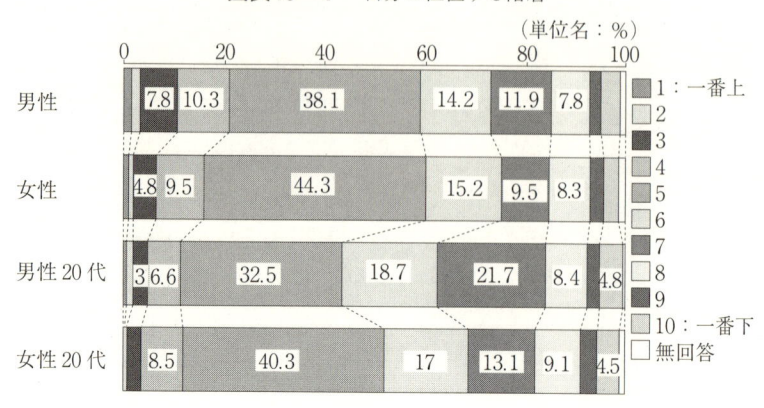

図表10-7　自分の位置する階層

（単位名：％）

	1:一番上	2	3	4	5	6	7	8	9	10:一番下	無回答
男性		7.8	10.3		38.1		14.2	11.9		7.8	
女性		4.8	9.5		44.3		15.2	9.5		8.3	
男性20代	3	6.6			32.5	18.7		21.7		8.4	4.8
女性20代		8.5			40.3	17		13.1		9.1	4.5

はり，階層帰属の場合と同じように，自分を中間かその少し下とみる意識の強いことを物語っている．これは，一般庶民の偽らざる気持ちなのだろう．

若者の方では，彼らが学生かあるいは実社会に出て間もないこともあって職場においても高い地位についているとはまだいえないから，男・女とも4以上は少なく，男性では7が21.7％を占めるほか7以下もかなり多い．これも，彼らの社会的な位置を率直に反映しているものと思われる（図表10-7）．

✣✣ 今の日本の社会には，あなたやあなたの家族の生活水準を向上させる機会が，どのくらいありますか

それでは，生活の満足をより高めたり，階層帰属をもっと上げることができるための生活水準を向上させる機会があるかどうか，の回答をみることにしよう．この問いでは，選択肢が五択になっているので，"どちらともいえない"に集まりやすい傾向にあるものと想定されたが，実は"あまりない"や"全くない"の"ない派"が"充分にある"と"少しはある"の"ある派"を大きく上回る結果となった（図表10-8）．とくに，これは，男性では50代以上に，女性では40代以上という中・高年の生活者に顕著である．ここからは，現代日本社会の構

第10章　若者のこころを探る

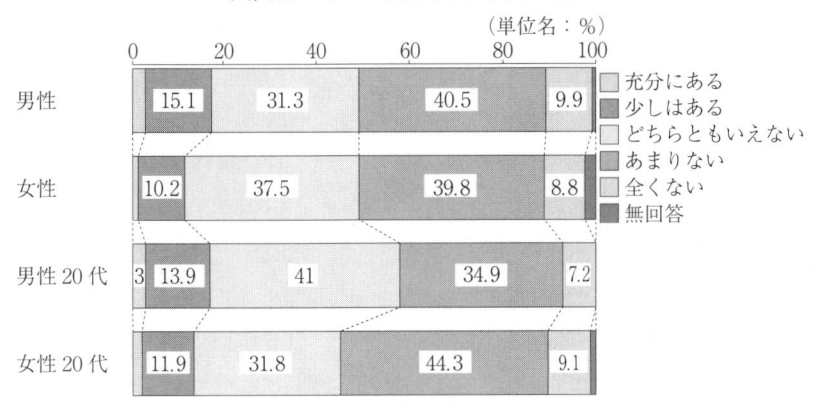

図表10－8　生活水準向上機会の有無

（単位名：%）

	充分にある	少しはある	どちらともいえない	あまりない	全くない	無回答
男性		15.1	31.3	40.5	9.9	
女性		10.2	37.5	39.8	8.8	
男性20代	3	13.9	41	34.9	7.2	
女性20代		11.9	31.8	44.3	9.1	

造が閉塞的になっているということが彼らに認められているようである．そうであるなら，生活の満足度の高さは，現実のとりあえずの肯定なのかとも考えられるが，回答者はあまり結び付けて考慮していないようにも思われる．

　若者たちの場合も同様で，やはり"ない派"が多い．とくに，女性にめだつようである（図表10－8）．若い女性にとっては，社会人としても家庭人としても彼女らの前に社会構造が立ちはだかっていると認識されているのだろうか．

✢✢ 政治的な考え方を，保守的から革新的までの5段階にわけるとしたら，あなたはどれにあてはまりますか

　この設問は，対象者の政治意識を聞いたもので，1（保守的）から5（革新的）までが数字順に序列された選択肢になっている．しかし，これは，政界において保守政党（自由民主党）と革新政党（日本社会党）が対立するという55年体制といわれた構図が終わって久しくなり，とりわけ革新政党（社会党の後継の社会民主党・日本共産党）が国会の議席数でごく少数になった最近では，特に若者にとってあまり有効であるとは思われない．むしろ，現状をどうするかというような生活意識に近くなっているのではないかと考えられる．

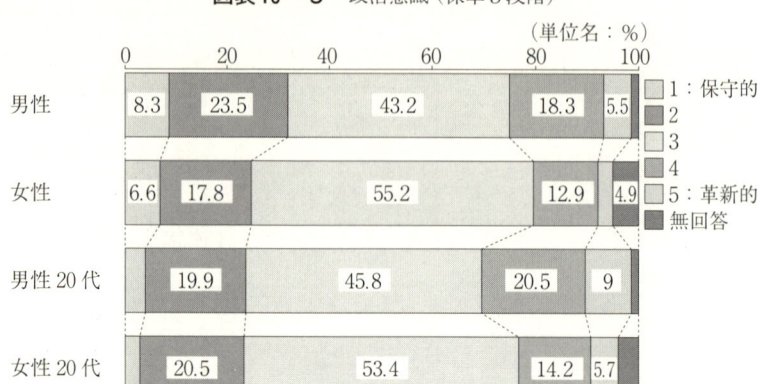

図表10-9 政治意識（保革5段階）

（単位名：%）

	1:保守的	2	3	4	5:革新的	無回答
男性	8.3	23.5	43.2	18.3	5.5	
女性	6.6	17.8	55.2	12.9	4.9	
男性20代		19.9	45.8	20.5	9	
女性20代		20.5	53.4	14.2	5.7	

　結果をみると，3（どちらともいえない）がどの年齢階級でも半数前後を占めている（図表10-9）．これは，民主党や公明党への中道政党指向が強いとするべきなのか，あるいは問いの意味がよく分からなくてどちらとも答えかねているからかもしれない．ただ，年齢が上がるにつれて1と2の"保守的"という意見が増加する傾向にあり，特に70代以上に多い．今日の高齢者が全般的に現状をよしとしていることは，この調査から明らかになってきているが，当然にそれを守ろうとする心情もあるように見受けられる．

　それでは，かつては——といっても30年前以上であるが——学生運動や労働運動などで反体制運動を展開したこともあった若者たちほど"革新的"だといえるのだろうか．たしかに，20代男性には，4～5の"革新的"が30％近くあって"保守的"をやや上回っており，30代男性とならんで高い数値になっている．しかし，革新政党支持と彼らは直接に結びついているようには思われないから，現状に対する漠然とした変革指向が出ているのかもしれない．ただし，女性は，若者であっても"革新的"は少なく，"保守的"が多い（図表10-9）．女性には，男女共生をめざしての思いがあることも期待されるが，この調査でみた限り変革意識としてはそれほどとはいえないようである．

第10章　若者のこころを探る

❖❖ 若者のこころをどうみるか

　「いま日本の若者たちは崖っぷちに立っている．この社会の敗者の地位に追い込まれようとしているのだ」と宮本みち子が述べたのは，平成不況下の2002年秋のことであった[6]．その後，景気はやや改善したとはいえ，平成16年版の『労働経済白書』には，NEET (Not in Employmemt, Education or Training) といわれる働く意思も学ぶ意思もない若年（15〜34歳）の無業者が52万人という少なからぬ数に増えているという事実が報告されている[7]．このように，現代の若者をめぐる危機的な状況を指摘する意見が最近になってめだっていることはよく知られているところだろう．

　ところが，JGSS-2002の結果によれば，若者は——現代日本人としても——，多くが"幸せ"だといい，性善説であり，生活に満足し，中流にいる，との回答をしており，いささか甘いのではないかという印象を否定できない．もちろん，それには存在が意識を一方的に規定しているわけではないのだから，「そう思いたい」といったこころの安定を求める気持ちが作用しているのではないかと考えられる．しかし，20代の若者のなかには，男性が主であるけれど，自分の位置する階層で社会的な現実を認識し，生活水準向上機会の有無や政治意識などでは変革の可能性をみつめた結果もいくらかあげることができた．すなわち，現代の若者のこころは，現代社会の表面的な華やかさと豊かさに幻惑されているところがあるとしても，けっしてそれだけではないようにも思われる．そして，若者のこころが今後どのように変化していくかは，これからの調査の興味深い課題である．

────────────〔注〕────────────

1）大阪商業大学比較地域研究所・東京大学社会科学研究所編『日本版General Social Surveys JGSS-2002基礎集計表・コードブック』東京大学社会科学研究所資料23集，2004年，pp. 9-13
2）高橋　徹『日本人の価値観・世界ランキング』中央公論新社，2003年，pp. 84-89
3）高橋　徹，前掲書，pp. 96-102

4）電通総研・日本リサーチセンター編『世界60カ国価値観データブック』同友館，2004年，p.103
5）電通総研・日本リサーチセンター編，前掲書，p.236
6）宮本みち子『若者が《社会的弱者》に転落する』洋泉社，2002年，p.5
7）厚生労働省編『労働経済白書』平成16年版 ぎょうせい，2004年，p.155

〔参考文献〕

高島秀樹『社会調査―社会学の科学的研究方法』改訂2版 明星大学出版部，2004年
岩井紀子・佐藤博樹編『日本人の姿―JGSSにみる意識と行動』有斐閣，2002年
池谷壽夫・小池直人編『時代批判としての若者』同時代社，1994年
藤竹　暁『イメージを生きる若者たち―メディアが映す心象風景』有斐閣，1991年

索　引

〔あ行〕

アイデンティティ　149, 151
アッシー君　147, 160
アルバイト　98, 114, 115
いえ　13
家出　47
生きがい　102
1.57ショック　9
いまここでの平等　89
インターネット　53, 56, 66, 67, 69
インターンシップ制度　73, 89
インフォーマルな人間関係　103
エイズ　30
エンゲル係数　11
エンジェル係数　114
オイル・ショック　11
おしゃれ　120
オタッキー　148
オーディエンス　51, 54
親子関係　37

〔か行〕

階層帰属意識　175
核家族化　13, 41
核家族世帯　40, 41
学生消費者主義　91, 107
家計状態　172
家族意識　41, 44
家族行動　41, 44
家庭生活　172
家庭内での暴力　46
辛口トーク　146, 148
カルチュラル・スタディーズ　51
記号消費　111
議題設定機能　54
キープ君　147, 160
キャンパスライフ　91, 93-95, 107
強力効果説　51

携帯電話　65, 66, 116
ケータイ　68, 69
結婚　127
　——とは何だろう　132
　——の機能　133
　——の不利益　139
　——の利点　137
健康状態　173
現在中心　46
現代社会第一世代　8, 12, 13, 17
現代日本社会の原風景　9
限定効果モデル　51, 54
高学歴化　37, 38
高度経済成長　11
高度専門能力活用型　83
幸福度　167, 168
高齢化　15
高齢社会　15
個計化　111
個人化　41, 44
ことばの乱れ　150, 152
コミュニケーション　25, 26, 51, 155, 160
雇用柔軟型　83, 84

〔さ行〕

サービス経済　88
サービス経済化　11
産業化　9, 10
三種の神器　11
三世代世帯　41
ＧＤＰ（国内総生産）　10
ＪＧＳＳ　163
ジェンダー・アイデンティティ　158, 159
ジェンダー・イデオロギー　143, 157, 159
ジェンダー関係　157, 158
仕事　173

181

失業者　79
社会集団　4, 5
社会変動　1
消費行動　117
初婚年齢　39
シングル　134
新若衆宿　47
生活満足度　173
性行為　19, 27
性行為感染症　19, 29
性交　24, 33
性交経験率の推移　21
性行動　23
正社員　85
正社員比率　77
性善説と性悪説　163
性的被害　31
制服　121
世代　1
セメスター制　105
潜在的失業者　79
総中流意識　174

〔た行〕

第一次産業　10
第一の波以前　8
第一の波　7, 8
第三次産業　10, 11
第三の波　7, 8
第二次産業　10, 11
第二の波　7, 8
脱工業社会　11
団塊ジュニア　9
団塊世代　12
団塊の世代　8, 48
弾丸理論　51, 54
茶髪　123
長期蓄積能力活用型　83
超高齢時代　15
定位家族　35, 40
ディスコース　143, 155
デジタル・メディア　55, 56, 69
デート　23
都市化　12

都市の魅力　15
トラウマ　163, 170, 171

〔な行〕

ニート　39, 73, 80, 82, 88
ニューファミリー　48, 49
ネットワーク　103

〔は行〕

配偶者を選ぶ基準　130
パーソナル・メディア　53
パート　86
パートナーシップ　127, 140
パラサイト・シングル　37, 77, 127, 137
晩婚化・非婚化　37, 38
ＰＴＳＤ　163
非正規労働者比率　77
避妊　19, 27
ファッション　118
プチ家出　36, 47
ブランド消費　122
フリーター　39, 73, 75, 82, 84, 85, 88
ベビーブーマー　38

〔ま行〕

マス・コミュニケーション　51
マス・メディア　53
未婚率　39
乱れていない　152
ミツグ君　147, 160
未来中心　46
無職者比率　77
メディア効果理論　51
メディア・ヒーロー　57−59
メディア・リテラシー　51, 52, 55, 56, 63, 64
メディア理論　53
モバイル・メディア　55, 56
モラトリアム　91, 100

〔や行〕

友人関係　172
余暇利用　172

〔ら行〕

ライフコース　1, 5, 37, 103, 167
ライフスタイル　11
ライフ・チャンスの平等　89

理想的なセックス　32
理想の親子関係　47
流行　111

〔わ行〕

若者　156
若者ことば　143, 145
若者宿（若衆宿）　35

編著者紹介

永井　広克

1947年　富山県生れ
1980年　早稲田大学大学院文学研究科博士課程
　　　　単位取得満期退学（社会学専攻）
現　職　富山国際大学教授
著　書　『おもしろ男女共生の社会学』（共著）学文社　1994年
　　　　『社会構造の探求』新泉社　1995年
　　　　『男女共生の社会学』（共著）学文社　2003年

若者と現代社会

2005年3月30日　第一版第一刷発行
2007年3月1日　第一版第二刷発行

　　　　　　　　　　　　　　　編著者　永　井　広　克
　　　　　　　　　　　　　　　発行者　田　中　千津子
　　　　　　　　　　　　　　　発行所　（株）学　文　社
イラスト・佐藤啓太
　　　　　　　　　　　郵便番号153-0064　東京都目黒区下目黒3-6-1
　　　　　　　　　　　電話（03）3715-1501（代表）　振替00130-9-98842
　　　　　　　　　　　　　　　http://www.gakubunsha.com

乱丁・落丁本は，本社にてお取替え致します。　印刷／新灯印刷株式会社
定価は，カバー，売上げカードに表示してあります。〈検印省略〉

ISBN978-4-7620-1405-5

©2005 Nagai Hirokatsu Printed in Japan

転載不許可　著作権法上での例外を除き，無断で複写複製（コピー）することは禁じられて
います。